中2英語

ぐーんっと
やさしく

◆登場キャラクター◆

ゴータ
見習い魔法使い。魔法の呪文に必要な英語を勉強中。

エイミー
ゴータと同魔法使い。英語は少しだけできる。

JN025252

2人の師匠。語も使いこな

→ここから読もう！

① あれ，ここわからないな…
うーん…たしかそれはこうするんじゃなかったっけ…？

② また困っているようじゃな
し，師匠！

③ 実は2年生になってまた英語が難しくなって…
そんなことじゃろうと思ったわい

④ これは修行の旅に出る必要がありそうじゃな
…お願いします！

⑤ さあ，準備はいいか？
魔法でワープしよう！
カッ

⑥ よーし，2年生の英語をマスターするぞ！

もくじ

本書の使い方

授業と一緒に

テスト前の学習や，授業の復習として使おう！

中学3年生は…

中学2年の復習に。苦手な部分をこれで解消!!

左の まとめページ と，右の 問題ページ で構成されています。

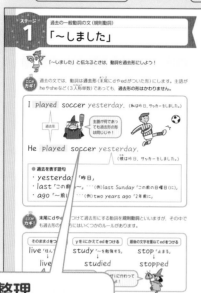
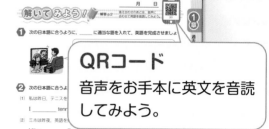

QRコード

音声をお手本に英文を音読してみよう。

要点整理

この単元で勉強することをまとめているよ。

確認テスト & 章末まとめ

章ごとに「確認テスト」があります。章末の「○章のまとめ」でその章で習ったことをバッチリ最終確認！

別冊解答 解答は本冊の縮小版になっています。

赤字で解答を入れているよ。

音声の再生方法

①スマートフォン・タブレットで手軽に再生

・見開きページに1つ，QRコードを掲載しています。

・紙面上のQRコードを読みとり，表示されるURLにアクセスするだけで，手軽に音声を再生できます。

②無料音声再生アプリ [SigmaPlayer2]

お持ちのスマートフォンやタブレットにインストールすると，本書の問題や解答の英文の音声を聞くことができます。

通信使用料は別途必要です。

③音声ダウンロード

文英堂Webサイトより，音声ダウンロードも可能です。

下記URLにアクセスし，「サポート」ページをご覧ください。

www.bun-eido.co.jp

 過去の文①

 修行の旅では魔法のアイテムをゲットしながら，英語を学んでいく。3人がまずワープした先は，いにしえの海。そこに現れた海の精は，2人に「過去の文」を教えてくれるという。過去形にするときに不規則に変化する不規則動詞に注意しなければならない。エイミーとゴータは，無事に青い水晶を手に入れることができるのか…？

過去の一般動詞の文（規則動詞）

「〜しました」

「〜しました」と伝えるときは，動詞を過去形にしよう！

**ここが
カギ！**
過去の文では，動詞は**過去形**（末尾にdやedがついた形）にします。主語が
heやsheなど（３人称単数）であっても，**過去形の形はかわりません。**

I　played　soccer　yesterday.　（私は昨日，サッカーをしました。）

過去形

主語が何であっ
ても過去形の形
は同じじゃ！

He　played　soccer　yesterday.

（彼は昨日，サッカーをしました。）

- **過去を表す語句**
- ・yesterday「昨日」
- ・last「この前の〜」…（例）last Sunday「この前の日曜日（に）」
- ・ago「〜前に」…（例）two years ago「2年前に」

**ここが
カギ！**
末尾に**dやed**をつけて過去形にする動詞を**規則動詞**といいますが，その中で
も過去形の作り方にはいくつかのルールがあります。

| そのままdをつける | yをiにかえてedをつける | 最後の文字を重ねてedをつける |

live「住んでいる」　　study「〜を勉強する」　　stop「止まる」
↓　　　　　　　　　　↓　　　　　　　　　　　↓
lived　　　　　　　studied　　　　　　　stopped

動詞の後ろにdや
edがつくんだね！

yがiにかわって
いるよ！

解いてみよう！

1 次の日本語に合うように，_____ に適当な語を入れて，英語を完成させましょう。

(1) カズヤは昨日，テレビを見ました。

Kazuya _____ TV yesterday.

(2) ユキは昨日，音楽を聞きました。

Yuki _____ to music yesterday.

2 次の日本語に合うように，_____ に適当な語を書きましょう。

(1) 私は昨日，テニスをしました。

I _____ tennis _____ .

(2) ミホは昨夜，英語を勉強しました。

Miho _____ English _____ night.

3 次の日本語に合うように，[　]内の語句を並べかえて，正しい英語にしましょう。ただし，文頭にくる語も小文字で書いてあります。

(1) 彼らはこの前の夏，京都を訪れました。 [visited / they / Kyoto] last summer.

_____ last summer.

(2) 彼女は5年前，日本に住んでいました。
She [in Japan / ago / five years / lived].

She _____ .

4 (　)内の語句を用いて，次の日本語を英語にしましょう。

(1) 私は昨日，ピアノを演奏しました。(the piano)

_____

(2) 彼女はこの前の日曜日にこのコンピューターを使いました。(this computer)

_____

過去の一般動詞の文（不規則動詞）

「～しました」

不規則動詞の過去形はしっかりと覚えておこう！

ここが カギ！ 過去形がdやedのついた形ではなく，**不規則に変化する**動詞を**不規則動詞**といいます。これも，主語によって過去形の形をかえる必要はありません。

現在の文　I go to the sea.（私は海に行きます。）

↓

過去の文　I went to the sea yesterday.

（私は昨日，海に行きました。）

過去形

  主語が I でも He でも，過去形の形は同じなんだね！

He went to the sea yesterday.

（彼は昨日，海に行きました。）

ここが カギ！ 不規則動詞の変化のしかたはさまざまなので，1つ1つ覚えましょう。

つづりが大きくかわる語

say「いう」→ said
see「～を見る」→ saw
take「(写真)を撮る」→ took
have「～を持っている」→ had

1文字かわる語

make「～を作る」→ made
get「～を手に入れる」→ got
write「～を書く」→ wrote
come「来る」→ came

つづりがかわらない語

read「～を読む」→ read
※発音が[リード]→[レッド]となる

 変化のしかたはいろいろ！

解いてみよう！

解答 p.2　答え合わせのあとは，音声に合わせて英語を音読してみよう。

1 次の日本語に合うように，＿＿＿に適当な語を入れて，英語を完成させましょう。

(1) 私は昨日，カレーを作りました。

I ＿＿＿＿＿＿ curry yesterday.

(2) 私の父は「おいしいね」といいました。

My father ＿＿＿＿＿＿ , "It's good."

2 次の日本語に合うように，＿＿＿に（　）内の動詞を過去形にかえて書きましょう。

(1) 私はこの前の日曜日に映画を見ました。

I ＿＿＿＿＿＿ a movie last Sunday. （ see ）

(2) ユイは今朝，6時に起きました。　　　　　　　　　　起きる＝get up

Yui ＿＿＿＿＿＿ up at six this morning. （ get ）

3 次の日本語に合うように，＿＿＿に適当な語を書きましょう。

(1) 私は先週，Eメールを書きました。　　　　　　　　　Eメール＝e-mail

I ＿＿＿＿＿＿ an e-mail ＿＿＿＿＿＿ week.

(2) リエは2年前にこの本を読みました。

Rie ＿＿＿＿＿＿ this book two years ＿＿＿＿＿＿ .

4 次の英語を日本語にしましょう。

(1) I took this picture in Tokyo.

[　　　　　　　　　　　　　　　　　　　　　　　　　　　　　　　]

(2) Jim had a dog three years ago.

[　　　　　　　　　　　　　　　　　　　　　　　　　　　　　　　]

「～しませんでした」

過去の一般動詞の否定文では，did notを使おう！

ここがカギ！

「～しませんでした」という文では，**did not [didn't]** を使います。現在の文でのdo notとdoes notのように，主語によって使い分けたりはしません。

現在の一般動詞の否定文

I do not[don't] ～. / She does not[doesn't] ～.

過去の一般動詞の否定文

I **did not** ～.

didn'tと短くすることもできる

過去の否定文なら
did notを使うんじゃ！

ここがカギ！

動詞の前に**did not [didn't]** を置き，動詞は**原形（もとの形）**にします。

ふつうの文 I went to the library today.

（私は今日，図書館に行きました。）

否定文 I **did not** go to the library today.

（私は今日，図書館に行きませんでした。）

動詞の前に
did not を
置くんだね！

did not のあとの
動詞はもとの形 !!

雨だから
図書館には
行～かない

解いてみよう！

解答 p.2

答え合わせのあとは，音声に
合わせて英語を音読してみよう。

203

1 次の日本語に合うように，_____ に適当な語を入れて，英語を完成させましょう。

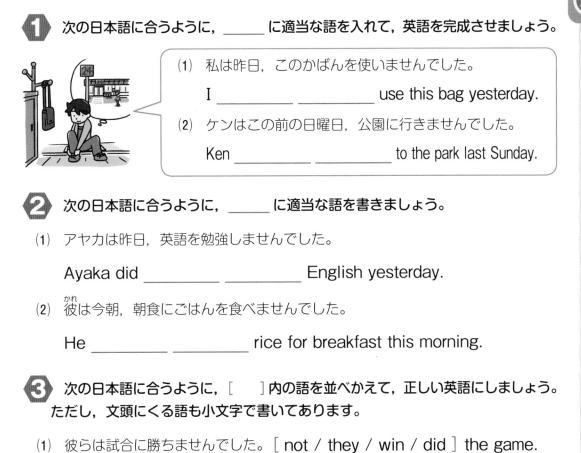

(1) 私は昨日，このかばんを使いませんでした。

I _____ _____ use this bag yesterday.

(2) ケンはこの前の日曜日，公園に行きませんでした。

Ken _____ _____ to the park last Sunday.

2 次の日本語に合うように，_____ に適当な語を書きましょう。

(1) アヤカは昨日，英語を勉強しませんでした。

Ayaka did _____ _____ English yesterday.

(2) 彼_{かれ}は今朝，朝食にごはんを食べませんでした。

He _____ _____ rice for breakfast this morning.

3 次の日本語に合うように，[　　]内の語を並べかえて，正しい英語にしましょう。
ただし，文頭にくる語も小文字で書いてあります。

(1) 彼らは試合に勝ちませんでした。[not / they / win / did] the game.

試合＝game　～に勝つ＝win

_____ the game.

(2) 彼女_{かのじょ}は昨日，ミサキに会いませんでした。
[didn't / Misaki / see / she] yesterday.

_____ yesterday.

4 (　　)内の語句を用いて，次の日本語を英語にしましょう。

(1) 私は昨年，日本に住んでいませんでした。(in Japan, year)

_____

(2) 彼は昨夜，本を読みませんでした。(a book, night)

_____

ステージ 4

過去の一般動詞の疑問文

「～しましたか」

 DoやDoesではなく，Didを使って過去の疑問文を作ろう！

 ここがカギ！ 「～しましたか」という過去の疑問文を作るときは，文のはじめにDidを置きます。現在の疑問文では，DoまたはDoesを置きましたね。

現在の文

Do you have a pencil? （あなたはえんぴつを持っていますか。）

Does he have a pencil? （彼はえんぴつを持っていますか。）

過去の文

Did you have a pencil?

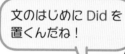 文のはじめに Did を置くんだね！

（あなたはえんぴつを持っていましたか。）

 ここがカギ！ Didを使うときには，**動詞は原形（もとの形）**にします。また，**Where**「どこ」や**What**「何」などの疑問詞を入れる場合は，文のはじめに置きましょう。

ふつうの文 She watched TV last night.

（彼女は昨夜，テレビを見ました。）

疑問文 Did she watch TV last night?

 主語が he や she でも Did を置くよ！

 動詞はもとの形じゃ！

（彼女は昨夜，テレビを見ましたか。）

答え方 Yes, she did. （はい，見ました。）

No, she did not. （いいえ，見ませんでした。）

→または No, she didn't.

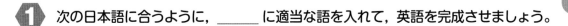

解いてみよう！

解答 p.2　　答え合わせのあとは，音声に
合わせて英語を音読してみよう。

1 次の日本語に合うように，_____ に適当な語を入れて，英語を完成させましょう。

(1) あなたのお兄さんは先週，野球をしましたか。

_____ your brother play baseball last week?

(2) いいえ，しませんでした。

No, _____ _____ _____ .

2 次の英語を，_____ に適当な語を入れて過去の疑問文にしましょう。

(1) Miyu talked with Mr. Sato yesterday.

_____ Miyu _____ with Mr. Sato yesterday?

(2) Ken got a new bike two days ago.　　　　bike＝自転車

_____ Ken _____ a new bike two days ago?

3 次の日本語に合うように，_____ に適当な語を書きましょう。

(1) あなたは昨日，その本を読みましたか。

_____ you _____ the book yesterday?

(2) ((1)に答えて) はい，読みました。

Yes, _____ _____ .

4 (　　) 内の語を用いて，次の日本語を英語にしましょう。

(1) あなたは先週，クミ (Kumi) に会いましたか。(**week**)

_____

(2) 彼女は3日前にどこに行きましたか。(**ago**)

_____

1 次の（　　）内から適当な語を選んで，□□□□に書きましょう。（4点×4）

(1) I (play / plays / played) tennis last Sunday.

ステージ **1**

(2) Ken (see / sees / saw) Meg in the park yesterday.

ステージ **2**

(3) Did Nancy (make / makes / made) breakfast this morning?

ステージ **4**

(4) She (do / does / did) not have a dog three years ago.

ステージ **3**

2 次の日本語に合うように，＿＿に入る適当な語を□□□□に書きましょう。（5点×5）

(1) トムは昨夜，日本語の勉強をしました。
Tom _____ Japanese _____ night.

ステージ **1**

(2) 私たちは2日前，アキラの家に行きました。
We _____ to Akira's house two days _____.

ステージ **2**

(3) 彼^{かれ}らは自分の辞書を使いませんでした。
They _____ _____ their dictionaries.

ステージ **3**

(4) あなたはテレビでその試合を見ましたか。
試合＝game
_____ you _____ the game on TV?

ステージ **4**

(5) （(4)に答えて）はい，見ました。
Yes, _____ _____ .

ステージ **4**

14

3 次の日本語に合うように，[　]内の語を並べかえて，正しい英語にしましょう。
ただし，文頭にくる語も小文字で書いてあります。（6点×4）

(1) タロウは昨日，3冊の本を読みました。
[books / Taro / three / read] yesterday.

_____ yesterday.

(2) 新しい先生が私たちの学校に来ました。
[teacher / to / a / came / school / our / new].

_____ .

(3) 彼らは昨年，日本に住んでいましたか。
[Japan / did / last / they / in / live] year?

_____ year?

(4) 彼女はその歌が好きではありませんでした。
[like / song / didn't / she / the].

_____ .

4 次の英語を日本語にしましょう。（7点×5）

(1) They won a baseball game last week.
[
]

(2) She ate curry and rice for dinner. 　　　curry and rice＝カレーライス
[
]

(3) Did he visit Hokkaido last summer?
[
]

(4) What did you do last Sunday?
[
]

(5) We did not practice baseball there.
[
]

ステージ

1 He played soccer yesterday.

過去形 　　　　　　　過去を表す語句

（彼_{かれ}は昨日，サッカーをしました。）

2 He went to the sea yesterday.

不規則動詞 go の過去形 　　　　過去を表す語句

（彼は昨日，海に行きました。）

3 I did not go to the library today.

主語のあとに did not[didn't] 　動詞は原形（もとの形）

（私は今日，図書館に行きませんでした。）

4 Did she watch TV last night?

主語の前に Did 　動詞は原形（もとの形）

（彼女_{かのじょ}は昨夜，テレビを見ましたか。）

↳ Yes, she did. （はい，見ました。）
↳ No, she did not [didn't]. （いいえ，見ませんでした。）

青い水晶_{すいしょう}をGET！

次の地底の
世界へGO!

2章 過去の文②

　突然地面が揺れ，3人は地底の世界に落ちてしまう。すると，3人の前に大地の精が現れ，「過去の文」の続きを勉強することに。エイミーとゴータは大地の精といっしょに，be動詞の過去形や，「～していました」という過去進行形の表し方などを学んでいく。はたして2人はそれらをマスターして，赤い水晶をもらうことができるのか…？

① うーん…何も見えないけどなあ…

② なんじゃ…!?

③ 地底の世界
いててて…
ここはどこ…？

④ 実は，過去をのぞくにはもう一つ別の水晶も必要なんだ
大地の精
き，君は??

⑤ 僕は大地の精…過去の文にはまだ続きがあって
すべてマスターしたら，「赤い水晶」を手に入れられるよ

⑥ さあ，いっしょに行こう！
うん!!!

過去のbe動詞の文

「〜でした」

be動詞の過去形wasとwereの使い分けを覚えよう！

**ここが
カギ！**

be動詞の過去形は，**was**と**were**の２つです。am, isの過去形は**was**,
areの過去形は**were**になります。

| 現在の文 | I **am** a student. （私は生徒です。） |

| 過去の文 | I **was** a student. （私は生徒でした。） |

| 現在の文 | He **is** a student. （彼は生徒です。） |

| 過去の文 | He **was** a student. （彼は生徒でした。） |

| 現在の文 | They **are** students. |

（彼らは生徒です。）

| 過去の文 | They **were** students. |

（彼らは生徒でした。）

am ┐
is ┘→ was
are → were
となるんじゃ！！

**ここが
カギ！**

be動詞のあとに**場所を表す語句**がくると，「いました」「ありました」という
意味になります。

He was in Hokkaido yesterday.

（彼は昨日，北海道にいました。）

isがwasに
なっているね！

〈in＋場所〉で
「〜に」という
意味になるよ！

解いてみよう！

解答 p.3

答え合わせのあとは，音声に合わせて英語を音読してみよう。

月　　日

1 次の日本語に合うように，＿＿＿＿ に □ から適当な語を入れて，英語を完成させましょう。

(1) 私たちは昨日，ひまでした。　ひまな＝free

　　We ＿＿＿＿＿＿ free yesterday.

(2) この本はおもしろかったです。

　　This book ＿＿＿＿＿＿ interesting.

| are | was | were | is |

2 次の英語の文末に last year をつけて過去の文に書きかえましょう。

(1) She is thirteen years old.

　　She ＿＿＿＿＿＿ thirteen years old last year.

(2) Mika and Jun are classmates.　classmate＝同級生

　　Mika and Jun ＿＿＿＿＿＿ classmates last year.

3 次の日本語に合うように，＿＿＿＿ に適当な語を書きましょう。

(1) 昨夜はとても寒かったです。

　　It ＿＿＿＿＿＿ very cold last night.

(2) 彼らは先週，大阪にいました。

　　They ＿＿＿＿＿＿ in Osaka last week.

4 次の英語を日本語にしましょう。

(1) He was my English teacher.

　　[　　　　　　　　　　　　　　　　]

(2) My notebooks were on the table.

　　[　　　　　　　　　　　　　　　　]

2章 過去の文②

過去のbe動詞の否定文

「〜ではありませんでした」

be動詞の後ろにnotを置いて否定文を作ろう！

過去のbe動詞の文を否定文にするときは，現在の文と同じようにbe動詞のあとにnotを置きます。

ふつうの文 **He was in the classroom.** （彼は教室にいました。）

↓

否定文 **He was not in the classroom.**

（彼は教室にいませんでした。）

was / were のあとに not を置くんだ！

```
I
He  ┐
She ├→ was not
It  ┘

We  ┐
You ├→ were not
They┘
```

---

was not は **wasn't**, were not は **weren't** とそれぞれ短くすることができます。

He wasn't twelve years old.

was + not （彼は12歳ではありませんでした。）

was not → wasn't
were not → weren't
と短くできるよ！

They weren't twelve years old.

were + not （彼らは12歳ではありませんでした。）

解いて みよう！

解答 p.3

答え合わせのあとは，音声に
合わせて英語を音読してみよう。

206

1 次の日本語に合うように，＿＿＿ に適当な語を入れて，英語を完成させましょう。

(1) 昨日は寒くありませんでした。　　　寒い＝cold

It ＿＿＿＿＿ ＿＿＿＿＿ cold yesterday.

(2) 彼はクミのお父さんではありませんでした。

He ＿＿＿＿＿ Kumi's father.

2 次の英語を否定文に書きかえるとき，＿＿＿ に適当な語を書きましょう。

(1) They were teachers.

They ＿＿＿＿＿ ＿＿＿＿＿ teachers.

(2) I was at school.

I ＿＿＿＿＿ ＿＿＿＿＿ at school.

3 次の日本語に合うように，[　　]内の語句を並べかえて，正しい英語にしましょう。ただし，文頭にくる語も小文字で書いてあります。

(1) その映画はおもしろくありませんでした。
[not / the movie / interesting / was].

＿＿＿＿＿＿＿＿＿＿＿＿＿＿＿＿＿＿＿＿＿＿ .

(2) 彼らは野球選手ではありませんでした。
[players / weren't / baseball / they].

＿＿＿＿＿＿＿＿＿＿＿＿＿＿＿＿＿＿＿＿＿＿ .

4 (　　)内の語句を用いて，次の日本語を英語にしましょう。

(1) 彼は生徒ではありませんでした。(a student)

＿＿＿＿＿＿＿＿＿＿＿＿＿＿＿＿＿＿＿＿＿＿＿＿

(2) 私たちはひまではありませんでした。(free)　　　ひまな＝free

＿＿＿＿＿＿＿＿＿＿＿＿＿＿＿＿＿＿＿＿＿＿＿＿

過去のbe動詞の疑問文

「〜でしたか」

be動詞was, wereを主語の前に置いて, 過去の疑問文を作ろう!

過去のbe動詞の疑問文を作るときは, 現在の文と同じように**be動詞を主語の前**に置きます。答えるときも過去形のbe動詞を使います。

ふつうの文　　　**She was happy.** （彼女は幸せでした。）

疑問文　　**Was she happy?**　　（彼女は幸せでしたか。）

主語の前に
Was / Were を置くよ!

答え方　**Yes, she was.** （はい, 幸せでした。）

No, she was not. （いいえ, 幸せではありませんでした。）

→または **No, she wasn't.**

Where「どこ」などの疑問詞は, **疑問文のはじめ**に置きます。

Where were you yesterday?

疑問詞

（あなたは昨日, どこにいましたか。）

— I was at home. （私は家にいました。）

疑問詞は
文のはじめだね!

解いてみよう！

解答 p.4

答え合わせのあとは，音声に
合わせて英語を音読してみよう。

207

1 ＿＿＿ に適当な語を入れて，英語を完成させましょう。

(1) Were you busy yesterday?　busy＝忙しい

　　— Yes, ＿＿＿＿＿ ＿＿＿＿＿ .

(2) Were they at home yesterday?

　　— No, ＿＿＿＿＿ ＿＿＿＿＿ .

2 次の英語を疑問文に書きかえるとき，＿＿＿ に適当な語を書きましょう。

(1) He was a tennis player.

　　＿＿＿＿＿ ＿＿＿＿＿ a tennis player?

(2) They were good friends.

　　＿＿＿＿＿ ＿＿＿＿＿ good friends?

3 次の日本語に合うように，＿＿＿ に適当な語を書きましょう。

(1) 彼女の家はとても大きかったですか。

　　＿＿＿＿＿ her house very big?

(2) 彼はあなたの数学の先生でしたか。

　　＿＿＿＿＿ ＿＿＿＿＿ your math teacher?

4 （　　）内の語句を用いて，次の日本語を英語にしましょう。

(1) 東京は暑かったですか。(it)

　　＿＿＿＿＿＿＿＿＿＿＿＿＿＿＿＿＿＿＿＿＿＿＿

(2) それらの写真はきれいでしたか。(those pictures)

　　＿＿＿＿＿＿＿＿＿＿＿＿＿＿＿＿＿＿＿＿＿＿＿

過去進行形の文

「〜していました」

過去進行形の文では，過去形のbe動詞を使おう！

ここが
カギ！

〈be動詞の過去形＋動詞のing形〉という形を過去進行形といい，「〜していました」というように過去のある時点で進行中だったことを表します。

現在進行形 **They are playing tennis now.**

（彼らは今，テニスをしています。）

↓

過去進行形 **They were playing tennis two hours ago.**

（彼らは2時間前，テニスをしていました。）

was / were のあとに
動詞のing形じゃ！

ここが
カギ！

過去進行形の文では，**過去のある時点を表す語句**がよく使われます。

He was reading a book then.
そのとき

（彼はそのとき，本を読んでいました。）

He was reading a book an hour ago.
1時間前

（彼は1時間前，本を読んでいました。）

「いつ」という内容は，
文の最後にくるよ！

ago は「〜前」と
いう意味だね！

思い出そう♪

動詞のing形の作り方

| そのままingをつける | eをとってingをつける | 最後の文字を重ねてingをつける |

eat 「〜を食べる」 　　**make** 「〜を作る」 　　　**run** 「走る」
　↓　　　　　　　　　↓　　　　　　　　　　　↓
eating 　　　　**making** 　　　　　**running**

208

解いてみよう！　解答 p.4

答え合わせのあとは，音声に
合わせて英語を音読してみよう。

1 次の日本語に合うように，＿＿＿＿に適当な語を入れて，英語を完成させましょう。

(1) アヤカは彼女の友達と話していました。

Ayaka ＿＿＿＿＿＿ ＿＿＿＿＿＿ with her friend.

(2) トムとケンは昼食を食べていました。

Tom and Ken ＿＿＿＿＿＿ ＿＿＿＿＿＿ lunch.

2 次の日本語に合うように，＿＿＿＿に適当な語を書きましょう。

(1) 彼は川で泳いでいました。　　　　　　　　　　　　　　　川＝river

He ＿＿＿＿＿＿ ＿＿＿＿＿＿ in the river.

(2) 彼らは朝8時に，公園を歩いていました。

They ＿＿＿＿＿＿ ＿＿＿＿＿＿ in the park at eight in the morning.

3 次の日本語に合うように，[　　]内の語句を並べかえて，正しい英語にしましょう。ただし，文頭にくる語も小文字で書いてあります。

(1) 彼女はそのとき，宿題をしていました。
[was / her homework / she / doing] then.

＿＿＿＿＿＿＿＿＿＿＿＿＿＿＿＿＿＿＿＿＿＿＿＿＿＿＿ then.

(2) 私たちは音楽を聞いていました。[music / were / to / we / listening].

＿＿＿＿＿＿＿＿＿＿＿＿＿＿＿＿＿＿＿＿＿＿＿＿＿＿＿＿ .

4 次の英語を日本語にしましょう。

(1) He was watching TV at nine last night.

[　　　　　　　　　　　　　　　　　　　　　　　　　　　]

(2) They were practicing soccer then.

[　　　　　　　　　　　　　　　　　　　　　　　　　　　]

過去進行形の否定文・疑問文

「〜していませんでした」「〜していましたか」

現在進行形のときと同じように，否定文と疑問文を作ろう！

ここが
カギ！
過去進行形の文を否定文にするときは，be動詞のあとに**not**を置きます。

He **was not** sleeping. （彼は眠っていませんでした。）

= He wasn't sleeping.

was + not

was / were のあと
に not だね！

ここが
カギ！
疑問文にするときは，**be動詞を主語の前**に置きます。**What**「何」や**Where**「どこ」などの**疑問詞を文のはじめ**に置くこともできます。

ふつうの文　　They were studying English.

（彼らは英語を勉強していました。）

疑問文　Were they studying English?

（彼らは英語を勉強していましたか。）

Was / Were で
はじめるよ！

答え方　Yes, they were. （はい，していました。）

No, they were not. （いいえ，していませんでした。）

→または No, they weren't.

Whatの
疑問文　What were they studying?

（彼らは何を勉強していましたか。）

疑問詞は疑問文
のはじめじゃ！

解いてみよう！

解答 p.4

答え合わせのあとは，音声に
合わせて英語を音読してみよう。

1 ＿＿＿＿ に適当な語を入れて，英語を完成させましょう。

(1) Was the girl listening to music then?
　　— Yes, she ＿＿＿＿＿＿.

(2) Were the boys running in the park?
　　— No, they ＿＿＿＿＿＿.

2 次の日本語に合うように，＿＿＿＿ に適当な語を書きましょう。

(1) 私はそのとき，コンピューターを使っていませんでした。

I ＿＿＿＿＿＿ ＿＿＿＿＿＿ using a computer then.

(2) ミキはギターを演奏していましたか。

＿＿＿＿＿＿ Miki ＿＿＿＿＿＿ the guitar?

3 次の日本語に合うように，[　]内の語を並べかえて，正しい英語にしましょう。
ただし，文頭にくる語も小文字で書いてあります。

(1) トムは昨日の7時に，何をしていましたか。
[Tom / doing / what / was] at seven yesterday?

＿＿＿＿＿＿＿＿＿＿＿＿＿＿＿＿＿ at seven yesterday?

(2) 彼らは本を読んでいませんでした。
[not / they / reading / books / were].

＿＿＿＿＿＿＿＿＿＿＿＿＿＿＿＿＿.

4 (　)内の語を用いて，次の日本語を英語にしましょう。

(1) 彼は野球を練習していませんでした。(baseball)

＿＿＿＿＿＿＿＿＿＿＿＿＿＿＿＿＿

(2) 彼女たちはどこで英語を話していましたか。(English)

＿＿＿＿＿＿＿＿＿＿＿＿＿＿＿＿＿

1 次の（ ）内から適当な語を選んで，□□に書きましょう。（4点×4）

(1) It（ did / was / were ）cold this morning.

▶ステージ **5**

(2) We（ did / was / were ）not in Australia last Sunday.

▶ステージ **6**

(3) She（ is / was / were ）helping her mother last night.

▶ステージ **8**

(4)（ Did / Was / Were ）they taking pictures?

▶ステージ **9**

2 次の日本語に合うように，＿＿に入る適当な語を□□に書きましょう。（5点×5）

(1) 私は昨夜，家にいました。
I ＿＿＿＿ at home ＿＿＿＿ night.

▶ステージ **5**

(2) 彼らは3年前，日本にいましたか。
＿＿＿＿ they in Japan three years ＿＿＿＿ ?

▶ステージ **7**

(3)（(2)に答えて）いいえ，いませんでした。
No, ＿＿＿＿ ＿＿＿＿.

▶ステージ **7**

(4) 私たちはそのとき，ユカと話していました。
We ＿＿＿＿ ＿＿＿＿ with Yuka then.

▶ステージ **8**

(5) 彼は宿題をしていませんでした。
He ＿＿＿＿ ＿＿＿＿ his homework.

▶ステージ **9**

3 次の日本語に合うように，[　　]内の語句を並べかえて，正しい英語にしましょう。ただし，文頭にくる語も小文字で書いてあります。(6点×4)

(1) あなたは駅にいましたか。

[the station / you / were / at]?

_____? >ステージ **7**

(2) 昨日は晴れではありませんでした。　　　　　　　　　　　　　晴れの＝sunny

[sunny / it / not / was] yesterday.

_____ yesterday. >ステージ **6**

(3) 彼らは公園の中を走っていました。

[were / in / they / running] the park.

_____ the park. >ステージ **8**

(4) 彼女はトムといっしょにテニスをしていませんでした。

[with / not / she / playing / Tom / was / tennis].

_____. >ステージ **9**

4 次の英語を日本語にしましょう。(7点×5)

(1) They were at school yesterday.

[
] >ステージ **5**

(2) Was she a soccer player?

[
] >ステージ **7**

(3) These books were not interesting.

[
] >ステージ **6**

(4) I was listening to music at eight.

[
] >ステージ **8**

(5) What were you reading?

[
] >ステージ **9**

ステージ

⑤

| 現在形 | am　is　　are |
| 過去形 | was　　were |

⑥ He was not in the classroom. （彼は教室にいませんでした。）

> was / were のあとに not

⑦ Was she happy? （彼女は幸せでしたか。）

> 主語の前に Was / Were

→ Yes, she was. （はい，幸せでした。）
→ No, she was not[wasn't]. （いいえ，幸せではありませんでした。）

⑧ He was reading a book then. （彼はそのとき，本を読んでいました。）

> be 動詞の過去形　　動詞の ing 形　　過去のある時点を表す語句

⑨ He was not sleeping. （彼は眠っていませんでした。）

> was / were のあとに not

Were they studying English? （彼らは英語を勉強していましたか。）

> 主語の前に Was / Were

赤い水晶をGET！

次の未来の高原へGO！

30

③章 未来の文

次に3人がたどり着いたのは，未来の高原。そこでは，運命の魔女に「未来の文」を教えてもらう。未来を表す文では，〈be動詞＋going to＋動詞のもとの形〉や〈will＋動詞のもとの形〉を使うようだ。エイミーとゴータは，無事に未来の文を作れるようになって，魔法の鏡を手に入れることができるのか…？

be going toを使った文

「〜するつもりです」

be going toの使い方を学習して，未来の予定を説明しよう！

ここが
カギ！

「〜するつもりです」と未来の予定を話すときは，〈be動詞＋going to＋動詞の原形（もとの形）〉を使います。be動詞の種類は主語に合わせます。

I　**am**　（私は）
He　**is**　（彼は）　　**going to** visit Japan.
They　**are**　（彼らは）
（日本を訪れるつもりです。）

主語によって
be動詞はかわる

toのあとは，動詞のもとの形じゃ！

日本に行くよ

ここが
カギ！

be動詞の文をbe going toの文にするときは，be動詞の原形（もとの形）のbeをtoのあとに置きます。また，**未来を表す語句**が最後によく置かれます。

現在の文　I **am**　　　　　　a teacher.
（私は先生です。）

未来の文　I am going to **be** a teacher.
（私は先生になるつもりです。）

amもisもareも，もとの形はbe！

I am going to be a teacher　next year　.

（私は来年，先生になるつもりです。）

● **未来を表す語句**
・ **tomorrow**「明日」・・・（例）tomorrow morning「明日の朝」
・ **next 〜**「次の〜」・・・（例）next Sunday「次の日曜日」

解いてみよう！ 解答 p.5

答え合わせのあとは，音声に
合わせて英語を音読してみよう。
210

1 次の日本語に合うように，_____ に適当な語を入れて，英語を完成させましょう。

(1) ユカはジュンと会うつもりです。

Yuka _____ _____ _____

meet Jun.

(2) ジュンとユカは図書館で勉強するつもりです。

Jun and Yuka _____ _____ to

_____ in the library.

3
章

未来の文

2 次の日本語に合うように，_____ に適当な語を書きましょう。

(1) 私は明日の朝，朝食を作るつもりです。

I _____ _____ _____ make breakfast tomorrow morning.

(2) 彼女は次の日曜日に動物園に行くつもりです。
かのじょ

She _____ _____ to _____ to the zoo next Sunday.

3 次の日本語に合うように，[　　]内の語句を並べかえて，正しい英語にしましょう。ただし，文頭にくる語も小文字で書いてあります。

(1) 私たちはその映画を見るつもりです。[to / are / see / going / we / that movie].

_____ .

(2) 彼は私の家に来るつもりです。[is / to / to / come / going / he / my house].

_____ .

4 次の英語を日本語にしましょう。

(1) She is going to write a letter tomorrow.

[

]

(2) They are going to be baseball players.

[

]

be going toを使った否定文

「～するつもりはありません」

be going toの文も，be動詞のあとにnotを置いて否定文にしよう！

ここがカギ！ be going toの文を否定文にするときは，**be動詞のあとにnot**を置きます。

ふつうの文 She is going to meet Tom.

もとの形 （彼女(かのじょ)はトムに会うつもりです。）

否定文 She is not going to meet Tom.

（彼女はトムに会うつもりはありません。）

be 動詞のあとに not を置くよ！

ここがカギ！ be動詞の短縮形(短くした形)には，**主語とセット**にするものと**notとセット**にするものがあります。ただし，amはnotと短縮形を作ることはできません。

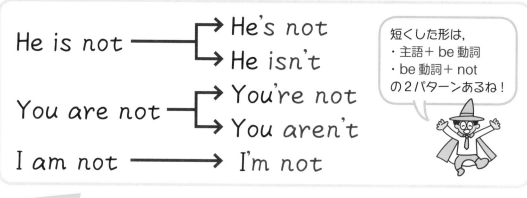

He is not → He's not
→ He isn't

You are not → You're not
→ You aren't

I am not → I'm not

短くした形は，
・主語＋be 動詞
・be 動詞＋not
の2パターンあるね！

まとめ ✨

be動詞を使った文は，be動詞のあとにnot！

現在の文 He is not a student. （彼(かれ)は生徒ではありません。）

現在進行形の文 He is not playing tennis. （彼はテニスをしていません。）

未来の文 He is not going to play tennis. （彼はテニスをするつもりはありません。）

解いてみよう！

解答 p.5

答え合わせのあとは，音声に
合わせて英語を音読してみよう。

211

1 次の日本語に合うように，＿＿＿＿に適当な語を入れて，英語を完成させましょう。

(1) エミはピアノを演奏するつもりはありません。

Emi ＿＿＿＿＿＿ ＿＿＿＿＿＿ ＿＿＿＿＿ play the piano.

(2) 彼女たちはそのコンピューターを使うつもりはありません。

They ＿＿＿＿＿＿ ＿＿＿＿＿＿ ＿＿＿＿＿ use the computer.

2 次の英語を否定文に書きかえるとき，＿＿＿＿に適当な語を書きましょう。

(1) I am going to talk to Mr. Brown.

I ＿＿＿＿＿＿ ＿＿＿＿＿ going to talk to Mr. Brown.

(2) We are going to watch TV.

We ＿＿＿＿＿＿ ＿＿＿＿＿ to watch TV.

3 次の日本語に合うように，[ ]内の語句を並べかえて，正しい英語にしましょう。ただし，文頭にくる語も小文字で書いてあります。

(1) 私たちは彼女を訪ねるつもりはありません。[not / going / we're / visit / to / her].

＿＿＿＿＿＿＿＿＿＿＿＿＿＿＿＿＿＿＿＿＿＿＿＿＿＿＿＿.

(2) カズヤは先生になるつもりはありません。[isn't / a teacher / Kazuya / to / be / going].

＿＿＿＿＿＿＿＿＿＿＿＿＿＿＿＿＿＿＿＿＿＿＿＿＿＿＿＿.

4 ( )内の語句を用いて，次の日本語をbe going toを使った英語にしましょう。

(1) 私は明日，出発するつもりはありません。(leave)

＿＿＿＿＿＿＿＿＿＿＿＿＿＿＿＿＿＿＿＿＿＿＿＿＿＿＿＿

(2) 彼らは宿題をするつもりはありません。(their homework)

＿＿＿＿＿＿＿＿＿＿＿＿＿＿＿＿＿＿＿＿＿＿＿＿＿＿＿＿

be going toを使った疑問文

「〜するつもりですか」

be going toの疑問文は，be動詞を主語の前に置こう！

ここがカギ！ be going toの疑問文では，**be動詞**を主語の前に置きます。答えるときにも，主語に合った**be動詞**を使います。

| ふつうの文 | She is going to see the movie. |

もとの形 （彼女はその映画を見るつもりです。）

| 疑問文 | Is she going to see the movie? |

（彼女はその映画を見るつもりですか。）

| 答え方 | Yes, she is. （はい，見るつもりです。） |

No, she is not. （いいえ，見ないつもりです。）

→または No, she isn't.

be動詞を主語の前に置くんじゃ！

ここがカギ！ What「何」やWhen「いつ」などの**疑問詞**を文のはじめに置いて，具体的な質問をすることもできます。

What is she going to buy? （彼女は何を買うつもりですか。）

When is she going to buy a computer?

（彼女はいつコンピューターを買うつもりですか。）

Where is she going to buy a computer?

（彼女はどこでコンピューターを買うつもりですか。）

疑問詞は疑問文のはじめだね！

答え合わせのあとは，音声に
合わせて英語を音読してみよう。
212

解答 p.6

1 _____ に適当な語を入れて，英語を完成させましょう。

(1) Is the boy going to study English?
　　— No, _____ _____ .

(2) Are they going to have dinner?
　　— Yes, _____ _____ .

③章

未来の文

2 次の英語を疑問文に書きかえるとき，_____ に適当な語を書きましょう。

(1) Ms. Green is going to go to the party next Friday.　party＝パーティー

　　_____ Ms. Green _____ to go to the party next Friday?

(2) They are going to practice basketball.

　　_____ they _____ to practice basketball?

3 次の日本語に合うように，[　　]内の語句を並べかえて，正しい英語にしましょう。ただし，文頭にくる語も小文字で書いてあります。

(1) マコトはそこで写真を撮るつもりですか。
　　[Makoto / to / take pictures / is / going] there?

　　_____ there?

(2) あなたは明日，何をするつもりですか。
　　[going / you / to / what / are / do] tomorrow?

　　_____ tomorrow?

4 (　　)内の語句を用いて，次の日本語を be going to を使った英語にしましょう。

(1) 彼は動物園に行くつもりですか。(the zoo)

　　_____

(2) 彼らはその川で泳ぐつもりですか。(in the river)　　川＝river

　　_____

willを使った文

「〜するつもりです」

未来を表すwillのあとは，動詞の形に注意しよう！

**ここが
カギ！**

be going to以外にも，**will**を使って未来の予定を表すこともできます。**動詞
の前にwill**を置いて**動詞は原形（もとの形）**にします。

I will do my homework.

もとの形

〈will＋動詞（もとの形）〉
で「〜するつもりです」！

（私は宿題をするつもりです。）

● **主語とwillが合わさった形（短縮形）**

I will → I'll   He will → He'll
We will → We'll   She will → She'll
You will → You'll   They will → They'll
It will → It'll

**ここが
カギ！**

be going toもwillも未来のことを表しますが，意味が少し違います。また，
willには2つの意味合いがあります。

すでに決まっている予定

I am going to visit Sendai. （私は仙台を訪れるつもりです。）

現時点での自分の意志

I will call you. （私はあなたに電話するつもりです。）

未来の予想

It will be cold tomorrow. （明日は寒くなるでしょう。）

月 ___ 日 ___

213

答え合わせのあとは，音声に
合わせて英語を音読してみよう。

解いてみよう！ 解答 p.6

1 次の日本語に合うように，_____ に適当な語を入れて，英語を完成させましょう。

(1) エリは6時に起きるでしょう。

Eri _____ _____ up at six.

(2) エリと彼女のお父さんは公園で走るでしょう。

Eri and her father _____ _____

in the park.

3
章

未来の文

2 次の日本語に合うように，_____ に適当な語を書きましょう。

(1) 明日は暑くなるでしょう。

_____ _____ _____ hot tomorrow.

(2) 私たちは先生のために歌を歌うつもりです。

_____ _____ songs for our teacher.

3 次の日本語に合うように，[　]内の語句を並べかえて，正しい英語にしましょう。ただし，文頭にくる語も小文字で書いてあります。

(1) 彼^{かれ}らはあの店に行くでしょう。[that shop / to / they / go / will].

_____.

(2) 彼はたくさんの本を読むでしょう。[read / books / will / a lot of / he].

_____.

4 次の英語を日本語にしましょう。

(1) She will go to Canada next year.

[

]

(2) They will be free tomorrow.

[

]

willを使った否定文

「～するつもりはありません」

未来についての否定文では，will notを使おう！

ここが カギ！

willを使った否定文では，**will**のあとに**not**を置きます。will notは，**won't**と短くすることもできます。

ふつうの文　I ｜will｜ make curry tomorrow.

（私は明日，カレーを作るつもりです。）

否定文　I will not make curry tomorrow.

（私は明日，カレーを作るつもりはありません。）

willのあとにnotを置くんじゃ！

= I won't make curry tomorrow.

will ＋ not

ピザを頼もうかな

ここが カギ！

willの否定文には，「**～するつもりはありません**」と「**～しないでしょう**」という2つの意味があります。

I will not call him.

（私は彼（かれ）に電話するつもりはありません。）

自分の意志を伝えているね！

It will not be cold tomorrow.

（明日は寒くならないでしょう。）

未来の予想をいっているよ！

解答 p.6

答え合わせのあとは，音声に
合わせて英語を音読してみよう。

214

___月___日

1 次の日本語に合うように，_____ に適当な語を入れて，英語を完成させましょう。

(1) 私は放課後にテニスを練習するつもりはありません。

放課後＝after school

I _____ _____ _____ tennis

after school.

(2) 私たちはそこにバスで行くつもりはありません。

We _____ _____ there by bus.

2 次の英語を否定文に書きかえるとき，_____ に適当な語を書きましょう。

(1) He will come to my house.

He _____ _____ come to my house.

(2) They will be late tomorrow.

They _____ _____ late tomorrow.

3 次の日本語に合うように，[　　]内の語を並べかえて，正しい英語にしましょう。
ただし，文頭にくる語も小文字で書いてあります。

(1) 彼女は次の日曜日は働かないでしょう。[will / work / she / not] next Sunday.

_____ next Sunday.

(2) 彼らは英語を話さないでしょう。[English / not / they / speak / will].

_____ .

4 (　　)内の語句を用いて，次の日本語をwillを使った英語にしましょう。

(1) 彼は犬を飼わないでしょう。(a dog)

_____

(2) 彼女は夕食後にはテレビを見ないでしょう。(after dinner)

_____

3章

未来の文

willを使った疑問文

「〜するつもりですか」

疑問文にするときは，willの位置と動詞の形に注意しよう！

ここがカギ！ willを使った疑問文を作るときには，**主語の前にwill**を置きます。そのとき，**動詞は原形（もとの形）**にします。また，答えるときも**will**を使います。

ふつうの文	He will write an e-mail.

（彼はEメールを書くつもりです。）

疑問文	Will he write an e-mail?

もとの形　（彼はEメールを書くつもりですか。）

答え方	Yes, he will. （はい，書くつもりです。）

No, he will not. （いいえ，書くつもりはありません。）

→または No, he won't.

will + not

疑問文は Will をはじめに置こう！

ここがカギ！ willの**疑問文のはじめに疑問詞**をつけると，未来の予定について具体的にたずねることができます。

When will you visit Kyoto?

（あなたはいつ京都を訪れるつもりですか。）

Where will you visit?

（あなたはどこを訪れるつもりですか。）

疑問詞は文のはじめに置くんだね！

京都のどこへ行くの？

お寺に行くよ

1 ＿＿＿に適当な語を入れて，英語を完成させましょう。

(1) Will Takuya get up early tomorrow?　early＝早く
　　　— Yes, ＿＿＿＿＿＿ ＿＿＿＿＿.

(2) Will Takuya and his father go to the museum?
　　　— No, ＿＿＿＿＿＿ ＿＿＿＿＿＿ ＿＿＿＿＿.

2 次の英語を疑問文に書きかえるとき，＿＿＿に適当な語を書きましょう。

(1) Manami will eat lunch with Tom.

＿＿＿＿＿＿ Manami ＿＿＿＿＿＿ lunch with Tom?

(2) They will be at home tomorrow.

＿＿＿＿＿＿ ＿＿＿＿＿＿ ＿＿＿＿＿＿ at home tomorrow?

3 次の日本語に合うように，[　　]内の語句を並べかえて，正しい英語にしましょう。ただし，文頭にくる語も小文字で書いてあります。

(1) 彼はあなたに英語を教えるでしょうか。
　　[he / English / will / teach] to you?

＿＿＿＿＿＿＿＿＿＿＿＿＿＿＿＿＿＿＿＿＿＿ to you?

(2) あなたはいつ宿題をするつもりですか。
　　[do / you / when / your homework / will]?

＿＿＿＿＿＿＿＿＿＿＿＿＿＿＿＿＿＿＿＿＿＿ ?

4 (　　)内の語句を用いて，次の日本語をwillを使った英語にしましょう。

(1) 彼らはこれらのペンを使うでしょうか。(these pens)

＿＿＿＿＿＿＿＿＿＿＿＿＿＿＿＿＿＿＿＿＿＿＿＿

(2) 明日はくもるでしょうか。(cloudy)　　くもりの＝cloudy

＿＿＿＿＿＿＿＿＿＿＿＿＿＿＿＿＿＿＿＿＿＿＿＿

1 次の（　）内から適当な語を選んで，□に書きましょう。（4点×4）

(1) Ken is going to (clean / cleans / cleaning) his room.

▶ステージ 10

(2) (Do / Are / Will) you going to visit Australia next summer?

▶ステージ 12

(3) I (am / did / will) meet Mika next Monday.

▶ステージ 13

(4) She (do / is / will) not have lunch at home tomorrow.

▶ステージ 14

2 次の日本語に合うように，＿＿に入る適当な語を□に書きましょう。（5点×5）

(1) 私は明日，ピアノを練習するつもりです。
I ＿＿＿＿ ＿＿＿＿ to practice the piano tomorrow.

▶ステージ 10

(2) 彼女はそこに行くつもりはありません。
She is ＿＿＿ going ＿＿＿ go there.

▶ステージ 11

(3) 明日は雨になるでしょうか。　　雨降りの＝rainy
＿＿＿＿ it ＿＿＿ rainy tomorrow?

▶ステージ 15

(4) （(3)に答えて）はい，そうなるでしょう。
Yes, ＿＿＿ ＿＿＿ .

▶ステージ 15

(5) 彼らは次の土曜日は，働かないでしょう。
They ＿＿＿ work ＿＿＿ Saturday.

▶ステージ 14

44

3 次の日本語に合うように，[　　]内の語句を並べかえて，正しい英語にしましょ
う。ただし，文頭にくる語も小文字で書いてあります。(6点×4)

(1) メグは日本語を勉強するでしょう。
[Japanese / will / Meg / study].

_____. ステージ **13**

(2) 私たちは歌を歌うつもりはありません。
[going / songs / we / are / sing / not / to].

_____. ステージ **11**

(3) あなたは先生になるつもりですか。
[going / be / you / to / a teacher / are]?

_____? ステージ **12**

(4) 彼はテレビを買わないでしょう。
[will / he / TV / not / a / buy].

_____. ステージ **14**

4 次の英語を日本語にしましょう。(7点×5)

(1) Is Tom going to get up early tomorrow?
[

] ステージ **12**

(2) They're not going to see the movie.
[

] ステージ **11**

(3) I'll help my sister with her homework.　　　help〜with…＝〜の…を手伝う
[

] ステージ **13**

(4) She won't write e-mails tonight.
[

] ステージ **14**

(5) Where will you swim next Sunday?
[

] ステージ **15**

3章

未来の文

45

ステージ

⑩ I am going to visit Japan.

〈be 動詞＋ going to ＋動詞の原形（もとの形）〉

（私は日本を訪れるつもりです。）

⑪ She is not going to meet Tom.

be 動詞のあとに not

（彼女はトムに会うつもりはありません。）

⑫ Is she going to see the movie?

主語の前に be 動詞

（彼女はその映画を見るつもりですか。）

⑬ I will do my homework.

〈will ＋動詞の原形（もとの形）〉

（私は宿題をするつもりです。）

⑭ I will not make curry tomorrow.

主語のあとに will not［won't］

（私は明日，カレーを作るつもりはありません。）

⑮ Will he write an e-mail?　（彼はEメールを書くつもりですか。）

主語の前に Will

動詞は原形（もとの形）

魔法の鏡をGET！

次の七変化の
小屋へGO！

4章 不定詞①・動名詞

3人は七変化（しちへんげ）の小屋にたどり着く。そこにはカメレオンが住んでいて，「不定詞」と「動名詞」を教えてくれるという。〈to＋動詞のもとの形〉で表す不定詞には，いくつかの意味があるようだ。2人は不定詞・動名詞の使い方をマスターし，魔法（まほう）のスライムを手に入れることができるのか…？

不定詞の副詞的用法

「〜するために」

「〜するために」を表す〈to＋動詞の原形〉を学習しよう！

〈to＋動詞の原形（もとの形）〉の形を**不定詞**といい，これを使って「〜するために」と**目的**を説明することができます。

He goes to the park　to play tennis ．（彼はテニスをするために
公園に行きます。）

もとの形

「テニスをするために」行く

〈to＋動詞（もとの形）〉で，「〜するために」を表すんじゃ！

感情を表す語のあとに〈to＋動詞の原形（もとの形）〉を続けて，その**感情の理由**を述べることもできます。

I am happy　to meet you ．（私はあなたに会えてうれしいです。）

もとの形

「あなたに会って」
うれしい

〈感情を表す語＋to＋動詞（もとの形）〉の順だね！

過去の文でも未来の文でも，toのあとの動詞は必ず**原形（もとの形）**にします。

I bought the book to　study English.

（私は英語を勉強するためにその本を買いました。）

toのあとの動詞は，いつももとの形！

英語学習書

48

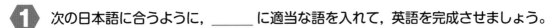

解答 p.7　答え合わせのあとは，音声に合わせて英語を音読してみよう。

解いて みよう！

月　　　日

1

次の日本語に合うように，_____ に適当な語を入れて，英語を完成させましょう。

(1) ミホはEメールを書くためにコンピューターを使います。

Miho uses a computer _____ _____ an e-mail.

(2) ナオトはゲームをするためにコンピューターを使います。

Naoto uses a computer _____ _____ games.

2

次の日本語に合うように，_____ に適当な語を書きましょう。

(1) 彼女_{かのじょ}は朝食を作るために早く起きます。　早く＝early

She gets up early _____ _____ breakfast.

(2) 私は英語を勉強するために，辞書を買うつもりです。辞書＝dictionary　～を買う＝buy

I will buy a dictionary _____ _____ English.

3

次の日本語に合うように，[　　]内の語句を並べかえて，正しい英語にしましょう。ただし，文頭にくる語も小文字で書いてあります。

(1) 彼はテレビを見るために家にいました。

[at home / watch / he / TV / was / to].

_____.

(2) 彼らはそれを聞いて幸せでした。[happy / hear that / were / to / they].

_____.

4

次の英語を日本語にしましょう。

(1) She goes to the library to read books.　library＝図書館

[　　　　　　　　　　　　　　　　　　　　　　　　　]

(2) He came to Japan to study Japanese.

[　　　　　　　　　　　　　　　　　　　　　　　　　]

不定詞の名詞的用法

「〜すること」

〈to＋動詞の原形〉で「〜すること」という意味を表そう！

不定詞の形〈to＋動詞の原形（もとの形）〉で，「〜すること」という意味を表すことができます。like や want などの動詞のあとによく使われます。

I like **to watch movies** .（私は映画を見ることが好きです。）

もとの形

「映画を見ること」が好きだ

I want **to read the book** .（私はその本を読みたいです。）

もとの形

「その本を読むこと」を望む

「〜すること」という意味を表すよ！

to のあとに be 動詞を置く場合は，原形（もとの形）の be を使います。

I want to **be** an English teacher.
もとの形 （私は英語の先生になりたいです。）

be 動詞のもとの形は be だね！

「〜することは…です」や「…は〜することです」という文を作ることもできます。

To play the piano is fun.（ピアノを演奏することは楽しいです。）

My dream is to play the piano .（私の夢はピアノを演奏することです。）

be 動詞を使ってイコールの関係にする

解いて みよう！

解答 p.7　　答え合わせのあとは，音声に
合わせて英語を音読してみよう。

1 次の日本語に合うように，_____ に適当な語を入れて，英語を完成させましょう。

(1) 私は音楽を聞くことが好きです。

I like _____ _____ to music.

(2) アキラは泳ぐことが好きです。

Akira likes _____ _____ .

2 次の日本語に合うように，_____ に適当な語を書きましょう。

(1) 私はブラウン先生と話したいです。

I _____ _____ _____ with Mr. Brown.

(2) 英語を勉強することは楽しいです。　　　　　　　　楽しいこと＝fun

_____ _____ English _____ fun.

3 次の日本語に合うように，[　　]内の語を並べかえて，正しい英語にしましょう。
ただし，文頭にくる語も小文字で書いてあります。

(1) 彼の夢はサッカー選手になることです。　　　　　　　夢＝dream

[be / dream / to / his / is] a soccer player.

_____ a soccer player.

(2) 英語を話すことは簡単です。

[easy / is / to / English / speak].

_____ .

4 (　　)内の語句を用いて，次の日本語を英語にしましょう。

(1) 彼はあの映画を見たがっています。(that movie)

_____

(2) 私の父は写真を撮ることが好きです。(pictures)

_____

不定詞の形容詞的用法

「〜するための」「〜するべき」

〈to＋動詞の原形〉を名詞のあとに置いて，その名詞を説明しよう！

ここが
カギ！
名詞の直後に〈to＋動詞の原形（もとの形）〉を続けることで，「〜するための」「〜するべき」というようにその名詞の説明をすることができます。

I have homework. （私は宿題があります。）
↓
I have homework **to do** . （私はするべき宿題があります。）

もとの形

〈to＋動詞（もとの形）〉を名詞のあとに置くのか！

「するべき」宿題

ここが
カギ！
前にくる名詞として，thing「もの，こと」やsomething「何か」などがよく使われます。

I have many things **to do** . （私はするべきことがたくさんあります。）

I want something **to eat** . （私は何か食べるものがほしいです。）

ここが
カギ！
疑問文の場合は，「何か」はanythingを使って表します。

Do you want anything to eat? （あなたは何か食べるものがほしいですか。）

疑問文では，something の代わりに anything を使おう！

解答 p.8

答え合わせのあとは，音声に
合わせて英語を音読してみよう。

218

1 次の日本語に合うように， _____ に適当な語を入れて，英語を完成させましょう。

(1) アサコは読むための本を買いました。

Asako bought a book _____ _____.

(2) トモヤは飲むための水を持っています。　　　水＝water

Tomoya has some water _____ _____.

2 次の日本語に合うように， _____ に適当な語を書きましょう。

(1) 私は朝，テレビを見る時間がありません。

I don't have time _____ _____ TV in the morning.

(2) 彼は何か読むものをほしがっています。

He wants _____ _____ _____.

3 次の日本語に合うように，[　]内の語句を並べかえて，正しい英語にしましょう。ただし，文頭にくる語も小文字で書いてあります。

(1) 彼女はするべきことがたくさんありますか。

[have / she / do / many things / to / does]?

_____?

(2) 彼らはテニスをする時間がほしいです。

[want / tennis / to / they / play / time].

_____.

4 次の英語を日本語にしましょう。

(1) He has some pictures to show to you.　　　show＝～を見せる

[　　　　　　　　　　　　　　　　　　　　　　　　　]

(2) Do you have anything to say to me?

[　　　　　　　　　　　　　　　　　　　　　　　　　]

不定詞のまとめ

〈to＋動詞の原形〉の３つの用法を覚えよう！

 ここがカギ！　「〜するために」を表す用法は，〈to＋動詞の原形（もとの形）〉を文の最後に置きます。また，**感情を表す語**のあとで，「〜して」と感情の理由を表すこともできます。

I use this pen to do my homework .

（私は宿題をするためにこのペンを使います。）

I am happy to hear that . （私はそれを聞いてうれしいです。）

 目的や感情の理由を表すんじゃ！

 ここがカギ！　「〜すること」を表す用法は，like や want などの動詞のあとによく使われます。

She likes to play tennis . （彼女はテニスをすることが好きです。）

She wants to be a writer . （彼女は作家になりたいです。）

Her dream is to be a writer . （彼女の夢は作家になることです。）

 「〜すること」という意味だね！

 ここがカギ！　「〜するための」「〜するべき」を表す用法は，〈to＋動詞の原形（もとの形）〉を**名詞のあと**に置いて，その名詞を説明します。

I don't have time to read a book . （私は本を読むための時間がありません。）

 名詞の後ろに続けて，「〜するための」「〜するべき」！

解いてみよう！

解答 p.8

答え合わせのあとは，音声に合わせて英語を音読してみよう。

219

月　　　日

1 次の日本語に合うように，_____ に □ から適当な語を入れて，英語を完成させましょう。

(1) 私は公園で走ることが好きです。

I like ＿＿＿＿＿ ＿＿＿＿＿ in the park.

(2) 彼^{かれ}は何か食べるものを持っています。

He has ＿＿＿＿＿ ＿＿＿＿＿ eat.

(3) 男の子たちは野球をするために公園に来ました。

The boys came to the park ＿＿＿＿＿

＿＿＿＿＿ baseball.

to	play	run	to	something	to

2 次の英語を日本語にしましょう。

(1) To read English books is interesting.

[　　　　　　　　　　　　　　　　　　　　　　　]

(2) I need some time to think about it.　　　need＝〜を必要とする

[　　　　　　　　　　　　　　　　　　　　　　　]

(3) I am happy to get your e-mail.　　　get＝〜を受けとる

[　　　　　　　　　　　　　　　　　　　　　　　]

3 （　　）内の語句を用いて，次の日本語を英語にしましょう。

(1) 私はバスケットボール選手になりたいです。(a basketball player)

＿＿＿＿＿＿＿＿＿＿＿＿＿＿＿＿＿＿＿＿＿＿＿

(2) 彼らは英語を勉強するために図書館に行きます。(the library)

＿＿＿＿＿＿＿＿＿＿＿＿＿＿＿＿＿＿＿＿＿＿＿

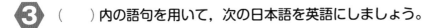

4章

不定詞① ・ 動名詞

⑯　⑰　⑱　⑲　⑳

「〜すること」

不定詞と動名詞の使い分けに注意しよう！

ここが
カギ！

「**〜すること**」という意味は，不定詞だけでなく，**動詞のing形（動名詞）**でも表すことができます。前の動詞によってどちらを使うかなどの決まりがあるので注意しましょう。

I finished **eating** lunch. （私は昼食を食べおえました。）

✕ to eat

動名詞	動詞のing形
不定詞	〈to＋動詞のもとの形〉

● **動名詞と不定詞の使い分け**

動名詞のみ使える	enjoy「〜を楽しむ」 finish「〜をおえる」など
不定詞のみ使える	want「〜したい」 hope「〜を望む」など
動名詞・不定詞 どちらも使える	like「〜が好きだ」 love「〜が大好きだ」 start「〜をはじめる」など

前にくる動詞で
使い分けよう！

ここが
カギ！

動名詞を使って，「**〜することは…です**」や「**…は〜することです**」という文を作ることもできます。その場合は，be動詞を使います。

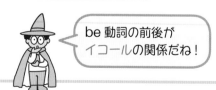

Studying English is interesting.

（英語を勉強することはおもしろいです。）

My hobby is playing baseball. （私の趣味は野球をすることです。）

be動詞の前後が
イコールの関係だね！

解いて みよう！

1 次の日本語に合うように，_____ に □ から適当な語を入れて，英語を完成させましょう。

(1) カナはギターを演奏することを楽しみます。

Kana enjoys _____ the guitar.

(2) ユキヤはテレビを見ることを楽しみます。

Yukiya enjoys _____ TV.

| play　playing　watching　watch |

2 次の（　）内から適当な語句を選び，○で囲みましょう。

(1) My father finished (to work / working) at seven.

(2) We hope (to meet / meeting) you soon.

(3) She wants (to be / being) a tennis player.

3 次の日本語に合うように，_____ に適当な語を書きましょう。

(1) 私は映画を見ることが好きです。

I _____ _____ movies.

(2) 日本語を話すことは彼女にとって難しいです。

_____ Japanese _____ difficult for her.

4 （　）内の語句を用いて，次の日本語を動名詞を使った英語にしましょう。

(1) 彼女はEメールを書きおえました。(an e-mail)

_____

(2) 音楽を聞くことは楽しいです。(fun)

_____

1 次の（　）内から適する語句を選んで，□に書きましょう。（4点×4）

(1) I go to the park (for / to / of) play basketball.

▶ステージ 16

(2) Nancy wants to (is / do / be) a teacher.

▶ステージ 17

(3) We have something (drink / drinking / to drink).

▶ステージ 18

(4) He enjoys (listens / to listen / listening) to music.

▶ステージ 20

2 次の日本語に合うように，＿＿に入る適当な語を□に書きましょう。（5点×5）

(1) 彼は友達に会うためにその都市を訪れました。
He visited the city ＿＿＿＿ ＿＿＿＿ his friend.

▶ステージ 16

(2) シホは英語を勉強することが好きです。
Shiho likes ＿＿＿＿ ＿＿＿＿ English.

▶ステージ 17

(3) あなたにはするべきことがたくさんあります。
You have a lot of ＿＿＿＿ ＿＿＿＿ do.

▶ステージ 18

(4) 私の母は朝食を作りはじめました。
My mother ＿＿＿＿ ＿＿＿＿ breakfast.

▶ステージ 20

(5) 写真を撮ることが私の趣味です。　趣味＝hobby
＿＿＿＿ pictures ＿＿＿＿ my hobby.

▶ステージ 20

3 次の日本語に合うように，[　　]内の語句を並べかえて，正しい英語にしましょう。ただし，文頭にくる語も小文字で書いてあります。(6点×4)

(1) 私はあなたと話せてうれしいです。

[am / talk / happy / you / I / with / to].

_____ .　>ステージ 16

(2) 英語の本を読むことは私にとって難しいです。

[read / English books / me / is / to / for / difficult].

_____ .　>ステージ 17

(3) 私にはあなたを手伝う時間があります。

[have / you / to / I / time / help].

_____ .　>ステージ 18

(4) 彼女は部屋を掃除しおえました。

[her room / she / cleaning / finished].

_____ .　>ステージ 20

4 次の英語を日本語にしましょう。(7点×5)

(1) My brother practices soccer to be a good player.　　player＝選手

[

]　>ステージ 16

(2) We were happy to win the game.　　game＝試合

[

]　>ステージ 16

(3) They want to use the computer.

[

]　>ステージ 17

(4) Does she want anyting to eat?

[

]　>ステージ 18

(5) Tom enjoyed watching TV.

[

]　>ステージ 20

④章

不定詞①・動名詞

ステージ

⑯ He goes to the park <u>to play</u> tennis.

> 〈to＋動詞の原形（もとの形）〉
> →「～するために」

（彼はテニスをするために公園に行きます。）

⑰ I like <u>to watch</u> movies. （私は映画を見ることが好きです。）

> 〈to＋動詞の原形（もとの形）〉
> →「～すること」

⑱ I have <u>homework to do</u>. （私はするべき宿題があります。）

> 〈名詞＋to＋動詞の原形（もとの形）〉
> →「～するための…」「～するべき…」

⑲ 不定詞の3つの用法

・「～するために」 … 文の最後に〈to＋動詞の原形（もとの形）〉

・「～すること」 …likeやwantなどのあとに〈to＋動詞の原形（もとの形）〉

・「～するための」「～するべき」
　　　…名詞のあとに〈to＋動詞の原形（もとの形）〉

⑳ I finished eating lunch. （私は昼食を食べおえました。）

> 動名詞（動詞のing形）
> →「～すること」

魔法のスライムをGET！

次のトゥーの 滝へGO!

5章 不定詞②

次に3人はトゥーの滝で，ユニコーンに出会う。ユニコーンは師匠から事情を聞くと，「不定詞」を教えてくれるという。どうやら不定詞にはまだ続きがあるようだ。エイミーとゴータは，It is … to ～の形や，疑問詞を使った不定詞を学んでいく。2人は無事にマスターして魔法のブローチをもらうことができるのか…？

It is … to ~の形の文

「～することは…です」

仮の主語として it を使うことに注意しよう！

**ここが
カギ！**
「～することは…です」というときは，〈It is … to ＋動詞の原形（もとの形）〉の形で表すことができます。It は to 以下の内容をさす，**仮の主語**です。

It is fun to play basketball.

もとの形

（バスケットボールをすることは**楽しい**です。）

この It は「それ」とは訳さないよ！

「～することは…でした」と過去のことをいうときは，is を was にかえます。
例 It was difficult to read this book.（この本を読むことは難しかったです。）

**ここが
カギ！**
「（人）にとって～することは…です」というときは，〈It is … for ＋人 ＋ to ＋動詞の原形（もとの形）〉で表すことができます。

It is important for me to study English.

for ＋人

（私にとって**英語を勉強する**ことは**重要**です。）

to の前に〈for ＋人〉なんだ！

英語勉強しなきゃ！　留学

まとめ

It is のあとによく使う形容詞

- **interesting** 「おもしろい」
- **dangerous** 「危険な」
- **important** 「重要な」
- **easy** 「簡単な」
- **hard** 「難しい，大変な」
- **difficult** 「難しい」

月　　日

解答 p.9

答え合わせのあとは，音声に
合わせて英語を音読してみよう。

221

1 次の日本語に合うように，＿＿＿に□から適当な語を入れて，英語を完成させましょう。

(1) この箱を運ぶことは難しいです。　　　　　〜を運ぶ＝carry

＿＿＿＿＿ ＿＿＿＿＿ hard to carry this box.

(2) 私にとってあなたを手伝うことは簡単です。

It is easy for me ＿＿＿＿＿ ＿＿＿＿＿ you.

| help | helps | to | is | To | It |

2 次の日本語に合うように，＿＿＿に適当な語を書きましょう。

(1) たくさんの人に会うことは重要です。

＿＿＿＿＿ ＿＿＿＿＿ important ＿＿＿＿＿ ＿＿＿＿＿ many people.

(2) 私にとって英語を話すことは難しいです。

It's difficult ＿＿＿＿＿ ＿＿＿＿＿ ＿＿＿＿＿ ＿＿＿＿＿ English.

3 次の日本語に合うように，[　　]内の語を並べかえて，正しい英語にしましょう。
ただし，文頭にくる語も小文字で書いてあります。

(1) 彼らにとってそこを訪れることは危険です。

[is / to / them / there / dangerous / for / visit / it].

＿＿＿＿＿＿＿＿＿＿＿＿＿＿＿＿＿＿＿＿＿＿＿＿＿.

(2) 数学を勉強することはおもしろかったです。

[it / study / interesting / math / to / was].

＿＿＿＿＿＿＿＿＿＿＿＿＿＿＿＿＿＿＿＿＿＿＿＿＿.

4 (　　)内の語句を用いて，次の日本語を英語にしましょう。

(1) 友達と話すことは楽しいです。(fun, friends)

＿＿＿＿＿＿＿＿＿＿＿＿＿＿＿＿＿＿＿＿＿＿＿＿＿

(2) 私たちにとってそのチケットを買うことは簡単でした。(the ticket)

＿＿＿＿＿＿＿＿＿＿＿＿＿＿＿＿＿＿＿＿＿＿＿＿＿

「～のしかた」「何を[どこで]～すればよいか」

〈疑問詞＋to＋動詞の原形〉の形を学習しよう！

ここがカギ！ 〈how to＋動詞の原形（もとの形）〉で「どのように～すればよいか」，つまり「～のしかた」という意味を表すことができます。

I told him how to read the word.

how to＋動詞（もとの形）

（私は彼にその単語の読み方を教えました。）

how to ～で「～のしかた」だね！

ここがカギ！ 〈疑問詞＋to ～〉の形は，ほかにもあります。〈what to＋動詞の原形（もとの形）〉で「何を～すればよいか」，〈where to＋動詞の原形（もとの形）〉で「どこで[に]～すればよいか」という意味を表します。

Please tell me what to do.

もとの形

（何をすればよいか，私に教えてください。）

Do you know where to meet him?

もとの形

（あなたは彼とどこで会えばよいか知っていますか。）

what to ～と
where to ～
を覚えよう！

whatやwhere以外にも，〈when to＋動詞の原形〉で「いつ～すればよいか」，〈which to＋動詞の原形〉で「どちらを～すればよいか」という意味を表すことができます。

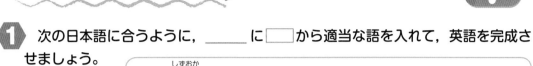

解いてみよう！　解答 p.9　答え合わせのあとは，音声に合わせて英語を音読してみよう。

1 次の日本語に合うように，_____ に□から適当な語を入れて，英語を完成させましょう。

(1) 静岡の楽しみ方を私に教えてください。

Please tell me ＿＿＿＿ ＿＿＿＿ ＿＿＿＿ Shizuoka.

(2) 私は彼女にどこを訪れればよいかを教えました。

I told her ＿＿＿＿ ＿＿＿＿ ＿＿＿＿ .

| where　enjoy　to　how　to　visit |

2 次の日本語に合うように，_____ に適当な語を書きましょう。

(1) 私は明日，何をすればよいかがわかりません。

I don't know ＿＿＿＿ ＿＿＿＿ ＿＿＿＿ tomorrow.

(2) 彼はあなたにこの本の使い方を教えるでしょう。

He will tell you ＿＿＿＿ ＿＿＿＿ ＿＿＿＿ this book.

3 次の日本語に合うように，[　]内の語句を並べかえて，正しい英語にしましょう。ただし，文頭にくる語も小文字で書いてあります。

(1) 彼女は私に日本料理の作り方を教えました。

[cook / me / how / taught / to / Japanese food / she].

_____.

(2) あなたはどこに行けばよいか知っていますか。

[where / do / to / go / know / you]?

_____?

4 次の英語を日本語にしましょう。

(1) Please tell me what to buy here.

[　　　　　　　　　　　　　　　　　　　　]

(2) Do you know how to eat this food?

[　　　　　　　　　　　　　　　　　　　　]

1 次の（　　）内から適当な語句を選んで，□□□に書きましょう。（4点×4）

(1) It is difficult (play / to play) the guitar.

> ステージ **21**

(2) It is important (for / to) us to read the newspaper.

> ステージ **21**

(3) Do you know how (to use / use) this computer?

> ステージ **22**

(4) He will tell me where to (going / go).

> ステージ **22**

2 次の日本語に合うように，＿＿に入る適当な語を□□□に書きましょう。（5点×5）

(1) あなたと話すことは楽しいです。
＿＿＿＿ ＿＿＿＿ fun to talk with you.

> ステージ **21**

(2) 私にとって中国語を話すことは簡単ではありません。
It isn't easy ＿＿＿＿ me ＿＿＿＿ speak Chinese.

> ステージ **21**

(3) 私に泳ぎ方を教えてください。
Please tell me ＿＿＿＿ ＿＿＿＿ swim.

> ステージ **22**

(4) 私はどこで昼食を食べればよいかがわかりません。
I don't know ＿＿＿＿ ＿＿＿＿ eat lunch.

> ステージ **22**

(5) 私の父は私に，この紙に何を書けばよいか教えました。
My father told me ＿＿＿＿ ＿＿＿＿ write on this paper.

> ステージ **22**

3 次の日本語に合うように，[　　]内の語句を並べかえて，正しい英語にしましょう。ただし，文頭にくる語も小文字で書いてあります。(6点×4)

(1) この窓を開けることは危険です。

[this window / is / open / dangerous / to / it].

_____. ＞ステージ **21**

(2) 彼にとってあの質問に答えることは難しかったです。

[that question / him / was / answer / to / it / for / difficult].

_____. ＞ステージ **21**

(3) 彼女はカレーの作り方を知っていますか。

[how / curry / know / she / cook / does / to]?

_____? ＞ステージ **22**

(4) どこで写真を撮ればよいか，私に教えてください。

[me / where / to / please / pictures / tell / take].

_____. ＞ステージ **22**

4 次の英語を日本語にしましょう。(7点×5)

(1) It is fun for me to write letters.

[　　　　　　　　　　　　　　　　　　　] ＞ステージ **21**

(2) It was important for my sister to study math.

[　　　　　　　　　　　　　　　　　　　] ＞ステージ **21**

(3) His teacher will tell him how to study English.

[　　　　　　　　　　　　　　　　　　　] ＞ステージ **22**

(4) Mary didn't know what to say.

[　　　　　　　　　　　　　　　　　　　] ＞ステージ **22**

(5) He asked me where to visit in Japan.　　ask 人 ～＝(人)に～をたずねる

[　　　　　　　　　　　　　　　　　　　] ＞ステージ **22**

ステージ

21 <u>It is important for me to study</u> English.

〈It is … for ＋人＋ to ＋動詞の原形（もとの形）〉

（私にとって英語を勉強することは重要です。）

22 I told him <u>how to read</u> the word.

〈how to ＋動詞の原形（もとの形）〉

（私は彼にその単語の読み方を教えました。）

Please tell me <u>what to do</u>.

〈what to ＋動詞の原形（もとの形）〉

（何をすればよいか，私に教えてください。）

Do you know <u>where to meet</u> him?

〈where to ＋動詞の原形（もとの形）〉

（あなたは彼とどこで会えばよいか知っていますか。）

to のあとの動詞は
もとの形なんだね！

魔法のブローチをGET！

次の助け合いの
谷へGO！

助動詞

助け合いの谷でケガをしてしまうエイミー。そこへ黒ネコがやってきて、傷を治すために「助動詞」を教えてくれることに。エイミーとゴータは、have toやmustを使った文に加え、Could you ～?やCan I ～?などの文も学ぶ。2人は魔法の塗り薬を手に入れ、エイミーの傷を治すことができるのか…？

ステージ
23

have toを使った文
「〜しなければなりません」

have[has] toのあとは，動詞の原形を置くことに注意しよう！

ここがカギ！ 動詞の前に **have to** [ハフトゥ] を置いて，「〜しなければなりません」という意味を表すことができます。後ろに続く動詞は**原形 (もとの形)** にします。

ふつうの文 I do my homework every day.

（私は毎日，宿題をします。）

have toの文 I **have to** do my homework every day.

└─ もとの形

（私は毎日，宿題をしなければなりません。）

〈have to ＋動詞（もとの形）〉
の形にするんじゃ！

ここがカギ！ 主語が3人称単数 (heやsheなど) の場合は，have toではなく**has to** [ハストゥ] を置きます。

主語がI, you, 複数のとき

I **have to** 〜

主語がheやsheなど (3人称単数) のとき

He **has to** 〜

He **has to** buy some eggs today.

└─ もとの形 （彼は今日，いくつか卵を買わなければなりません。）

has to のあとも，動詞はもとの形だね！

解いてみよう！　　　解答 p.10　答え合わせのあとは，音声に合わせて英語を音読してみよう。

月　　　日

1 次の日本語に合うように，＿＿＿＿ に適当な語を入れて，英語を完成させましょう。

(1) 私は朝に，部屋を掃除しなければなりません。

I ＿＿＿＿＿＿ ＿＿＿＿＿＿ clean my room in the morning.

(2) 私は午後に，ピアノを練習しなければなりません。

I ＿＿＿＿＿＿ ＿＿＿＿＿＿ ＿＿＿＿＿＿ the piano in the afternoon.

2 次の日本語に合うように，＿＿＿＿ に適当な語を書きましょう。

(1) 私は今日，早く帰らなければなりません。　早く＝early　（家に）帰る＝go home

I ＿＿＿＿＿＿ ＿＿＿＿＿＿ ＿＿＿＿＿＿ home early today.

(2) 彼はこの本を読まなければなりません。

He ＿＿＿＿＿＿ ＿＿＿＿＿＿ ＿＿＿＿＿＿ this book.

3 次の日本語に合うように，[ ]内の語句を並べかえて，正しい英語にしましょう。ただし，文頭にくる語も小文字で書いてあります。

(1) 私たちは学校まで歩かなければなりません。[walk / have / we / to school / to].

＿＿＿＿＿＿＿＿＿＿＿＿＿＿＿＿＿＿＿＿＿＿＿＿ .

(2) 彼はここでは英語を話さなければなりません。[to / English / has / speak / he] here.

＿＿＿＿＿＿＿＿＿＿＿＿＿＿＿＿＿＿ here.

4 ( )内の語句を用いて，次の日本語を英語にしましょう。

(1) あなたは6時に起きなければなりません。(at six)

＿＿＿＿＿＿＿＿＿＿＿＿＿＿＿＿＿＿＿＿＿＿＿＿＿＿

(2) 彼女は数学を勉強しなければなりません。(math)

＿＿＿＿＿＿＿＿＿＿＿＿＿＿＿＿＿＿＿＿＿＿＿＿＿＿

6章 助動詞

23　24　25　26　27

71

have toを使った否定文・疑問文

「〜しなくてもよいです」「〜しなければなりませんか」

doやdoesを使って，否定文・疑問文を作ろう！

ここがカギ！ have to / has toの文を否定文にするときは，**have to**の前に**don't**または**doesn't**を置きます。「〜しなくてもよいです」という意味になります。

You don't have to work today.

（あなたは今日，働かなくてもよいです。）

He doesn't have to work today.

もとの形

（彼(かれ)は今日，働かなくてもよいです。）

don't[doesn't] have to 〜
の形にしよう！

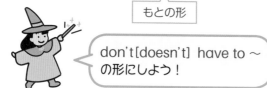

休みだー

ここがカギ！ 疑問文にするときは，**主語の前にDoまたはDoes**を置きます。否定文も疑問文も，作り方は一般(いっぱん)動詞の文と同じです。

ふつうの文   He has to work today.

（彼は今日，働かなければなりません。）

疑問文   Does he have to work today?

もとの形 （彼は今日，働かなければなりませんか。）

〈Do[Does]＋主語＋have to 〜?〉
の形にするんだね！

答え方 Yes, he <u>does</u>. （はい，働かなければなりません。）
No, he <u>doesn't</u>. （いいえ，働かなくてもよいです。）

解答 p.10

答え合わせのあとは，音声に
合わせて英語を音読してみよう。

224

6章

助動詞

解いてみよう！

1 次の日本語に合うように，_____ に適当な語を入れて，英語を完成させましょう。

(1) 彼らは英語を話さなければなりませんか。

_____ they _____ _____
speak English?

(2) 彼らは英語を話さなくてもよいです。

They _____ _____ _____
speak English.

2 次の日本語に合うように，_____ に適当な語を書きましょう。

(1) あなたは今日，私の家に来なくてもよいです。

You _____ _____ _____ come to my house today.

(2) 彼女は走らなければなりませんか。 — いいえ，走らなくてもよいです。

_____ she _____ _____ run? — No, she _____ .

3 次の日本語に合うように，[　　]内の語を並べかえて，正しい英語にしましょう。
ただし，文頭にくる語も小文字で書いてあります。

(1) 私は昼食を作らなくてもよいです。[have / lunch / I / to / do / make / not].

_____ .

(2) 彼は歌を歌わなければなりませんか。[he / songs / does / to / sing / have]?

_____ ?

4 次の英語を日本語にしましょう。

(1) We don't have to go home now.

[　　　　　　　　　　　　　　　　　　　　　　　　　　　　]

(2) Do you have to talk with Mr. White?

[　　　　　　　　　　　　　　　　　　　　　　　　　　　　]

mustを使った文

「〜しなければなりません」

mustの使い方を学んで，have toとの違いにも注意しよう！

「〜しなければなりません」という意味は，前回学習したhave toだけでなく，mustを使って表すこともできます。mustを動詞の前に置いて，動詞は原形（もとの形）にします。

| ふつうの文 | I | practice soccer every day. |

（私は毎日，サッカーを練習します。）

| mustの文 | I **must** practice soccer every day. |

もとの形 （私は毎日，サッカーを練習しなければなりません。）

He **must** practice soccer every day.

主語がheやsheでも
mustの形はかわらない　　もとの形 （彼は毎日，サッカーを練習しなければなりません。）

〈must＋動詞（もとの形）〉で，
「〜しなければならない」じゃ！

have toとmustはどちらも「〜しなければなりません」という意味を表しますが，have toはふつう「必要がある」という義務を表し，mustは話し手の意思や命令による義務を表します。

have toを使った文

You have to go to bed now. ◁ 必要がある

（あなたは今すぐ寝なければなりません。）

mustは「〜しなければ」という話し手
の気持ちが含まれているよ！

mustを使った文

You must go to bed now. ◁ 話し手の意思・命令

（あなたは今すぐ寝なければなりません。）

解答 p.11　答え合わせのあとは，音声に合わせて英語を音読してみよう。

6章 助動詞

1 次の日本語に合うように，_____ に適当な語を入れて，英語を完成させましょう。

(1) あなたは今，起きなければなりません。

You _____ _____ up now.

(2) あなたは部屋を掃除（そうじ）しなければなりません。

You _____ _____ your room.

2 次の日本語に合うように，_____ に適当な語を書きましょう。

(1) 彼らは放課後，宿題をしなければなりません。

They _____ _____ their homework after school.

(2) あなたは毎日，牛乳を飲まなければなりません。

You _____ _____ milk every day.

3 次の日本語に合うように，[　]内の語句を並べかえて，正しい英語にしましょう。ただし，文頭にくる語も小文字で書いてあります。

(1) あなたは英語でそれを書かなければなりません。
[in / you / write / must / it] English.

_____ English.

(2) 彼女（かのじょ）は医者にみてもらわなければなりません。　　　（医者に）みてもらう＝see
[a doctor / she / see / must].

_____ .

4 (　　)内の語句を用いて，次の日本語をmustを使った英語にしましょう。

(1) 私たちは毎朝，朝食を食べなければなりません。(every morning)

_____

(2) 彼は毎週日曜日に働かなければなりません。(on Sundays)

_____

26

mustを使った否定文・疑問文

「〜してはいけません」「〜しなければなりませんか」

must notとdon't have toの意味の違いに注意しよう！

ここが
カギ！

mustの否定文は，**mustのあとにnot**を置いて，「〜してはいけません」という**禁止**の意味になります。have toの否定文とは意味が異なります。

have toの否定文

You don't have to go home now.

（あなたは今，家に帰らなくてもよいです。）

don't have to =
〜しなくてもよい
must not =
〜してはいけない

mustの否定文

You must not[mustn't] go home now.

（あなたは今，家に帰ってはいけません。）

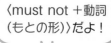
〈must not ＋動詞
（もとの形）〉だよ！

ここが
カギ！

mustの疑問文では，**主語の前にmust**を置きます。答え方は，Yesのときはmustを，Noのときはdon't [doesn't] have toを使います。

ふつうの文　　He must practice the piano.

（彼はピアノを練習しなければなりません。）

疑問文　Must he practice the piano?

（彼はピアノを練習しなければなりませんか。）

Mustがはじめにくる！

答え方　Yes, he must. （はい，しなければなりません。）

No, he doesn't have to. （いいえ，しなくてもよいです。）

Noで答えるときはmustを使わない

解いてみよう！　解答 p.11

1 次の日本語に合うように，_____ に適当な語を入れて，英語を完成させましょう。

(1) 大きな声で話してはいけません。

大きな声で＝in a loud voice

You _____ _____ talk in a loud voice.

(2) 食べ物を食べてはいけません。

You _____ eat any food.

2 次の日本語に合うように，_____ に適当な語を書きましょう。

(1) あなたは遅刻してはいけません。

You _____ _____ late.

(2) ケンは8時に寝なければなりませんか。— いいえ，寝なくてもよいです。

_____ Ken _____ to bed at eight?

— No, he _____ _____ _____.

3 次の日本語に合うように，[　　]内の語を並べかえて，正しい英語にしましょう。
ただし，文頭にくる語も小文字で書いてあります。

(1) 私たちは部屋を掃除しなければなりませんか。
[rooms / must / clean / we / our]?

_____?

(2) あなたたちはテレビを見てはいけません。[not / TV / you / watch / must].

_____.

4 次の英語を日本語にしましょう。

(1) You must not play soccer in this park.

[　　　　　　　　　　　　　　　　　　　　　　　　　　　　　　]

(2) He doesn't have to use this computer.

[　　　　　　　　　　　　　　　　　　　　　　　　　　　　　　]

Could you 〜？ / Can [May] I 〜？

「〜してくださいませんか」「〜してもよいですか」

依頼(いらい)する表現，許可を求める表現を学習しよう！

ここが カギ！

「〜してくださいませんか」とていねいに依頼するときは，**Could you** を置いたあとに**動詞の原形（もとの形）**を続けます。また，**Would you** も同じような意味を表すことができます。

Could you open the window? （窓を開けてくださいませんか。）

もとの形

Would you open the window? （窓を開けてくださいませんか。）

もとの形

後ろにくる動詞はもとの形だね！

Could[Would] you 〜? で相手に お願いしよう！

ここが カギ！

「〜してもよいですか」と許可を求めるときは，**Can I** のあとに**動詞の原形（もとの形）**を続けます。Can I の代わりに **May I** を使うと，よりていねいになります。

Can I use your chair?

ていねいに　もとの形　（あなたのいすを使ってもよいですか。）

May I use your chair?

もとの形　（あなたのいすを使ってもよいですか。）

いすを使ってもいい？

ここが カギ！

依頼されたり，許可を求められたりしたときには，次のように答えます。

引き受ける／許可するとき	断るとき
Sure. / No problem. もちろんです。 OK. / All right. いいですよ。	I'm sorry, 〜 （断る理由） ごめんなさい，〜です。

解いてみよう！

解答 p.11

答え合わせのあとは，音声に合わせて英語を音読してみよう。

227

1 次の日本語に合うように，＿＿＿ に適当な語を入れて，英語を完成させましょう。

(1) ここにあなたのお名前を書いてくださいませんか。

＿＿＿＿ ＿＿＿＿ write your name here?

(2) このペンを使ってもよいですか。

＿＿＿＿ ＿＿＿＿ use this pen?

2 次の日本語に合うように，＿＿＿ に適当な語を書きましょう。

(1) あなたの家に行ってもよいですか。— いいですよ。

＿＿＿＿ ＿＿＿＿ come to your house? — All ＿＿＿＿ .

(2) 私を手伝ってくださいませんか。— すみません，今は時間がありません。

＿＿＿＿ you ＿＿＿＿ me?

— I'm ＿＿＿＿ , I don't have time now.

3 次の日本語に合うように，[ ] 内の語を並べかえて，正しい英語にしましょう。ただし，文頭にくる語も小文字で書いてあります。

(1) 日本語を話してくださいませんか。[speak / could / Japanese / you]?

＿＿＿＿＿＿＿＿＿＿＿＿＿＿＿＿＿＿＿＿?

(2) ここで昼食を食べてもよいですか。[I / lunch / may / eat] here?

＿＿＿＿＿＿＿＿＿＿＿＿＿＿＿＿＿＿＿＿ here?

4 次の英語を日本語にしましょう。

(1) Would you clean this room?

[　　　　　　　　　　　　　　　　]

(2) May I come in?　　come in ＝（部屋に）入る

[　　　　　　　　　　　　　　　　]

1 次の（　）内から適当な語を選んで，□に書きましょう。(4点×4)

(1) Bob (must / have / has) to study hard.

> ステージ 23

(2) (Do / Are / Were) you have to leave now?

> ステージ 24

(3) She must (make / makes / making) dinner tonight.

> ステージ 25

(4) May I (use / using / used) this cup?

> ステージ 27

2 次の日本語に合うように，＿＿に入る適当な語を□に書きましょう。(5点×5)

(1) 私はよいレストランを見つけなければなりません。
I ＿＿＿＿ ＿＿＿＿ find a nice restaurant.

> ステージ 23

(2) ケンは私たちといっしょに行かなくてもよいです。
Ken ＿＿＿＿ ＿＿＿＿ to go with us.

> ステージ 24

(3) メグは毎日，早く起きなければなりませんか。
＿＿＿＿ Meg ＿＿＿＿ up early every day?

> ステージ 26

(4) (⑶に答えて) いいえ，起きなくてもよいです。
No, she doesn't ＿＿＿＿ ＿＿＿＿.

> ステージ 26

(5) 私に英語を話してくださいませんか。
＿＿＿＿ ＿＿＿＿ speak English to me?

> ステージ 27

3　次の日本語に合うように，[　　]内の語句を並べかえて，正しい英語にしましょ
う。ただし，文頭にくる語も小文字で書いてあります。(6点×4)

(1) 彼は物語を書かなければなりませんか。

[a story / he / does / to / write / have]?

_____? >ステージ 24

(2) 彼女は10時に寝なければなりません。

[to / at / she / go / bed / must] ten.

_____ ten. >ステージ 25

(3) あなたたちはここでテレビゲームをしてはいけません。

[play / not / video games / must / you] here.

_____ here. >ステージ 26

(4) ドアを開けてくださいませんか。

[you / the door / would / open]?

_____? >ステージ 27

4　次の英語を日本語にしましょう。(7点×5)

(1) We have to talk to Mr. Nakata.

[　　　　　　　　　　　　　　　　　　　] >ステージ 23

(2) You don't have to run to school.

[　　　　　　　　　　　　　　　　　　　] >ステージ 24

(3) Must he help his mother?

[　　　　　　　　　　　　　　　　　　　] >ステージ 26

(4) We must not take pictures in this building.

[　　　　　　　　　　　　　　　　　　　] >ステージ 26

(5) May I watch TV now?

[　　　　　　　　　　　　　　　　　　　] >ステージ 27

6章

助動詞

ステージ

23 I have to do my homework every day.

主語のあとに〈have[has] to ＋動詞の原形(もとの形)〉

（私は毎日，宿題をしなければなりません。）

24 You don't have to work today.

have to の前に don't または doesn't　（あなたは今日，働かなくてもよいです。）

Does he have to work today?

主語の前に Do または Does　原形(もとの形)　（彼は今日，働かなければなりませんか。）

25 He must practice soccer every day.

動詞の前に must　動詞は原形(もとの形)

（彼は毎日，サッカーを練習しなければなりません。）

26 You must not go home now.

動詞の前に must not[mustn't]　（あなたは今，家に帰ってはいけません。）

Must he practice the piano?

主語の前に Must　（彼はピアノを練習しなければなりませんか。）

27 Could[Would] you open the window? （窓を開けてくださいませんか。）

〈Could[Would] you ＋動詞の原形(もとの形)〜?〉

Can[May] I use your chair? （あなたのいすを使ってもよいですか。）

〈Can[May] I ＋動詞の原形(もとの形) 〜?〉

魔法の塗り薬をGET！

次のつなぎの泉へGO!

82

7章 接続詞

傷が治ってすっかり元気になったエイミー。少し疲れてきた様子の3人が次にたどり着いたのは、つなぎの泉。すると泉の女神が現れ、2人は女神といっしょに「接続詞」を勉強していく。エイミーとゴータは、ifやthat, when, becauseを使った文を理解し、体の疲れをとる魔法の水を手に入れることができるのか…？

「もし〜なら…」

if「もし〜なら」の文では，動詞の形に注意しよう！

 ここがカギ！ 「もし〜なら」と仮定や条件をいうときには，ifのあとにふつうの文の形〈主語＋動詞 〜〉を続けます。ifで文をはじめる場合は，**コンマ（,）**を置きます。

If you are busy, I can help you.

主語　動詞　コンマ

（もしあなたが忙しいなら，私はあなたを手伝うことができます。）

〈If ＋ふつうの文の形〉にするんじゃ！

= I can help you if you are busy.

主語　動詞

if を後ろにするときは，コンマはなし！

手伝おうか？

 ここがカギ！ ifに続く文の中では，未来のことをいう場合でも**動詞は現在形**にします。

If it is sunny tomorrow, I'll play soccer.

現在形　　　　　未来を表す語句　未来を表す形

（もし明日晴れなら，私はサッカーをするつもりです。）

 If に続く文では，動詞は現在形！

If に続く文でなければ，未来形でも OK！

解いてみよう！

解答 p.12　　答え合わせのあとは，音声に合わせて英語を音読してみよう。

7章

接続詞

1 次の日本語に合うように，_____ に適当な語を入れて，英語を完成させましょう。

(1) もしひまなら，公園へ行きましょう。

_____ you are free, let's go to the park.

(2) もし明日雨なら，私は家で本を読むつもりです。

_____ it _____ rainy tomorrow, I will read books at home.

2 次の２つの文を，１つめの文に if を使って１つの文にしましょう。ただし，２つの文の順番はかえないこと。

(1) You are cold. Wear this coat.　　wear＝〜を着る　coat＝コート

_____

(2) He likes *takoyaki*. I will make it for him.

_____

3 次の日本語に合うように，[　　]内の語句や符号を並べかえて，正しい英語にしましょう。ただし，文頭にくる語も小文字で書いてあります。

(1) もしアメリカに行きたいなら，英語を勉強しなさい。

[America / you / study / if / go / to / English / want to / ,].

_____.

(2) もしのどがかわいているなら，この水を飲むことができます。　　のどがかわいて＝thirsty

[this water / can / you / you're / if / drink / thirsty].

_____.

4 次の英語を日本語にしましょう。

If you aren't busy, let's play basketball.

[

]

thatを使った文

「〜ということ」

「〜ということ」を意味するthatを学習しよう！

**ここが
カギ！** 「〜ということ」を意味するthatは，**think**や**know**，**hope**などの動詞のあとによく使われ，thatの後ろには**ふつうの文の形〈主語＋動詞 〜〉**を続けます。

I think **that** tennis is fun.（私は，テニスは楽しいと思います。）

〜ということ　主語　動詞

I know **that** you are from Nagoya.

〜ということ　主語　動詞

（私は，あなたが名古屋出身だということを知っています。）

I hope **that** it will be sunny tomorrow.

〜ということ　主語　動詞

（私は，明日晴れることを望みます。）

think, know, hope のあとに，〈that ＋ふつうの文の形〉じゃ！

think, know, hopeなどのあとに使われるthatは，省略することもできます。
例 I hope it will be sunny tomorrow. （私は，明日晴れることを望みます。）

**ここが
カギ！** think that 〜 「〜と思う」の文を否定文にするときは，ふつうthatに続く文は否定形にせず，**thinkを否定形にして**don't think**などとします。

I **don't** think that tennis is fun.

（私は，テニスは楽しくないと思います。）

「〜ないと思います」は，
I don't think 〜. で表すよ！

1 次の日本語に合うように，_____ に適当な語を入れて，英語を完成させましょう。

(1) 私は，彼女^{かのじょ}はバレーボール選手だと思います。

I _____ _____ she's a volleyball player.

(2) 私は，彼^{かれ}の名前がジョンだということを知っています。

I _____ _____ his name is John.

2 次の2つの英語を，that を使って1つの文にしましょう。

(1) I think ＋ you are right

_____

(2) she knows ＋ Ken lives in Canada

_____

3 次の日本語に合うように，[　　]内の語を並べかえて，正しい英語にしましょう。
ただし，文頭にくる語も小文字で書いてあります。

(1) 私は，私たちがまた会うことを望みます。　　　　　　　　　　また＝again

[that / we / hope / I / meet / will / again].

_____.

(2) 私は，数学は難しくないと思います。

[think / is / I / that / difficult / don't / math].

_____.

4 次の英語を日本語にしましょう。

(1) We hope they will win the game.　　　　　　win the game ＝その試合に勝つ

[
　　　　　　　　　　　　　　　　　　　　　　　　　　　　　　　　]

(2) I don't know that he is a teacher.

[
　　　　　　　　　　　　　　　　　　　　　　　　　　　　　　　　]

7章

接続詞

「～とき…」

when「～とき」のあとの語順に注意しよう！

ここが
カギ！

「～とき」と具体的な時を表すには，whenのあとにふつうの文の形〈主語＋動詞 ～〉を続けます。whenで文をはじめる場合は，コンマ (,) を置きます。

When I am free, I play the piano.

主語　動詞　　コンマ　　（私はひまなとき，ピアノを演奏します。）

コンマ(,)の
つけ忘れに注意！

Whenのあとは
ふつうの文の形じゃ！

= I play the piano when I am free.

コンマなし　　　主語　動詞

ここが
カギ！

「いつですか」とたずねるときに使う疑問詞のWhenとは，違うものなので注意しましょう。whenの後ろに続く語順が異なります。

「いつですか」とたずねるとき

When is your birthday? （あなたの誕生日はいつですか。）

動詞　　主語

「～とき」と具体的な時を表すとき

When I was twelve, I went there.

主語　動詞

（私は12歳のとき，そこに行きました。）

12歳の時に
行ったよ～

解いてみよう！

解答 p.13

答え合わせのあとは，音声に合わせて英語を音読してみよう。

230

1 次の日本語に合うように，_____ に適当な語を入れて，英語を完成させましょう。

(1) トムは6歳のときに，日本に来ました。

_____ Tom _____ six years old, he came to Japan.

(2) トムはひまなとき，日本の映画を見ます。

Tom watches Japanese movies _____ he _____ free.

2 次の2つの文を，whenを使って1つの文にしましょう。ただし，2つの文の順番はかえないこと。

(1) I'm tired. I go to bed early.

tired＝疲れた　early＝早く

_____

(2) You have a question. Please ask me.

question＝質問　ask＝〜をたずねる

_____

3 次の日本語に合うように，[　　]内の語や符号を並べかえて，正しい英語にしましょう。ただし，文頭にくる語も小文字で書いてあります。

(1) 私は時間があるとき，本を読みます。[time / books / when / have / read / I / I / ,].

_____.

(2) あなたはアメリカにいたとき，何をしましたか。

[you / you / when / what / do / did / were] in America?

_____ in America?

4 次の英語を日本語にしましょう。

When I saw my brother, he was running.

[

]

becauseを使った文

「〜なので…」

becauseを使って，理由を説明しよう！

 ここが **カギ！**

「〜なので」と理由をいうときは，becauseのあとにふつうの文の形〈主語＋動詞 〜〉を続けます。becauseを文頭に置くなら，コンマ (,) を入れます。

I was at home because it was rainy.

コンマなし　　　　主語　動詞

（雨だったので，私は家にいました。）

becauseのあとは〈主語＋動詞 〜〉！

= Because it was rainy, I was at home.

主語　動詞　　　コンマ

〈Because＋ふつうの文の形〉で理由を説明するんじゃ！

コンマ(,)を忘れずに！

 ここが **カギ！**

疑問詞 Why「なぜ」を使った疑問文に答えるときにも，becauseを使うことができます。「なぜなら〜からです」という意味になります。

疑問文　Why will you go to America?

（なぜあなたはアメリカに行くつもりなのですか。）

答え方　Because I want to study English.

（なぜなら英語を勉強したいからです。）

Why「なぜ」ではじまる文には，Becauseで答えられるよ！

解いてみよう！

解答 p.13

答え合わせのあとは，音声に合わせて英語を音読してみよう。

月　　　日

1 次の日本語に合うように，_____ に □ から適当な語を入れて，英語を完成させましょう。

私は昨日，疲れていたので，早く寝ました。

疲れた＝tired　早く＝early

I went to bed early _____ I was tired yesterday.

| why　because |

2 次の2つの文を，becauseを使って1つの文にしましょう。ただし，2つの文の順番はかえないこと。

(1) It is hot today. We want to go swimming.　　go swimming＝泳ぎに行く

_____

(2) They were happy. They won the game.　　won the game＝試合に勝った

_____

3 次の日本語に合うように，[　]内の語句や符号を並べかえて，正しい英語にしましょう。ただし，文頭にくる語も小文字で書いてあります。

(1) 彼女は音楽が好きなので，たくさんのCDを持っています。

[has / because / a lot of / likes / CDs / music / she / she / ,].

_____

(2) アキラはひまだったので，自分の部屋を掃除しました。

[Akira / he / free / his room / was / because / cleaned].

_____ .

4 (　)内の語を用いて，次の日本語を英語にしましょう。

なぜあなたはサッカーをするのですか。— それがわくわくするからです。(exciting)

_____ — _____

1　次の（　　）内から適当な語句を選んで，□に書きましょう。（4点×4）

(1) If Jim (go / goes / will go) to the park, I'll go with him.

　　ステージ 28

(2) I think (of / this / that) the bag is Meg's.

　　ステージ 29

(3) Maki lived in Australia (on / that / when) she was eight years old.

　　ステージ 30

(4) I was at home (because / from / to) it was raining.

　　ステージ 31

2　次の日本語に合うように，＿＿に入る適当な語を□に書きましょう。（5点×5）

(1) もし遅れるなら，電話してください。
　　Please call me ＿＿＿＿ you ＿＿＿＿ late.

　　ステージ 28

(2) 私はトムは上手にピアノを演奏すると思います。
　　I ＿＿＿＿ ＿＿＿＿ Tom plays the piano well.

　　ステージ 29

(3) 彼らは私が日本出身だということを知っています。
　　They ＿＿＿＿ ＿＿＿＿ I'm from Japan.

　　ステージ 29

(4) 昨日私が彼女を訪ねたとき，彼女は家にいました。
　　She was at home ＿＿＿＿ I ＿＿＿＿ her yesterday.

　　ステージ 30

(5) 彼女は忙しいので，ここには来ないでしょう。
　　She won't come here ＿＿＿＿ she ＿＿＿＿ busy.

　　ステージ 31

3 次の日本語に合うように，[　　]内の語句や符号を並べかえて，正しい英語にしましょう。ただし，文頭にくる語も小文字で書いてあります。(6点×4)

(1) もし空腹なら，あなたは昼食を食べてもよいです。

[can / are / lunch / if / you / hungry / you / eat].

_____ .　ステージ 28

(2) 私の父は私がアメリカで勉強することを望んでいます。

[study / I / in / hopes / will / my father / that] America.

_____ America.　ステージ 29

(3) 京都を訪れたとき，あなたは写真を撮りましたか。

[you / when / visited / pictures / did / take / Kyoto / you / ,]?

_____ ?　ステージ 30

(4) 早く起きたので，私たちは公園を散歩しました。

[we / we / walked / early / because / got up / in the park].

_____ .　ステージ 31

4 次の英語を日本語にしましょう。(7点×5)

(1) If you practice tennis hard, you can be a good player.

[　　　　　　　　　　　　　　　　　　　　　　　] ステージ 28

(2) I don't think it'll be hot tomorrow.

[　　　　　　　　　　　　　　　　　　　　　　　] ステージ 29

(3) When Aki is free, she watches TV.

[　　　　　　　　　　　　　　　　　　　　　　　] ステージ 30

(4) What was she doing when you saw her?

[　　　　　　　　　　　　　　　　　　　　　　　] ステージ 30

(5) Why do you go to the library? — Because I want to do my homework.

[　　　　　　　　　　　　　　　　　　　　　　　] ステージ 31

7章
接続詞

93

ステージ

28 <u>If you are busy</u>, I can help you.

> If に続く文の中では動詞は現在形

> コンマ

（もしあなたが忙しいなら，私はあなたを手伝うことができます。）

= I can help you if you are busy.

29 I think <u>that tennis is fun</u>.

> 〈that ＋主語＋動詞 〜〉
> →「〜ということ」

（私は，テニスは楽しいと思います。）

30 <u>When I am free</u>, I play the piano.

> 〈When ＋主語＋動詞 〜〉

> コンマ

（私はひまなとき，ピアノを演奏します。）

= I play the piano when I am free.

31 I was at home <u>because it was rainy</u>.

> 〈because ＋主語＋動詞 〜〉

（雨だったので，私は家にいました。）

= Because it was rainy, I was at home.

> コンマ

魔法の水をGET！

次の存在の森へGO!

8章 There is[are] 〜.

　次にたどり着いたのは，存在の森。眠そうな３人のもとにフクロウが現れ，「There is[are] 〜.」という文を教えてもらうことに。後ろにくる名詞の数や時制によってbe動詞を使い分けながら，ふつうの文・否定文・疑問文を学んでいく。エイミーとゴータは，魔法のキャンドルをもらうことができるのか…？

「…に〜があります」

There is[are] 〜.の使い方と場所の表し方を学習しよう！

**ここが
カギ！**
「…に〜があります」というときは，There is[are] 〜.を使います。あとに
続く名詞が主語となり，それが単数か複数かによってbe動詞をかえます。

There is | a book | in my bag.

└ 1つのもの

（私のかばんの中に1冊の本があります。）

There are | some books | in my bag.

└ 複数のもの

（私のかばんの中に数冊の本があります。）

> 文の最後に，
> 場所を表す語句が入るよ！

**ここが
カギ！**
「…に〜がありました」と過去のことをいう場合には，be動詞を過去形にして，
There was[were] 〜.で表します。

There was | a dog | by the sofa.

└ 1つのもの

（ソファーのそばに1匹の犬がいました。）

There were | many dogs | by the sofa.

└ 複数のもの

（ソファーのそばにたくさんの犬がいました。）

思い出そう♪

場所を表す前置詞

on 〜	「〜の上に」	by 〜	「〜のそばに」
in 〜	「〜の中に」	near 〜	「〜の近くに」
under 〜	「〜の下に」	around 〜	「〜のまわりに」

解答 p.14　答え合わせのあとは，音声に合わせて英語を音読してみよう。

1 次の日本語に合うように，_____ に適当な語を入れて，英語を完成させましょう。

(1) ベッドの上にギターがあります。

There _____ a guitar _____ the bed.

(2) ベッドの下に2匹のネコがいます。

There _____ two cats _____ the bed.

2 次の日本語に合うように，_____ に適当な語を書きましょう。

(1) ドアのそばに1つの箱があります。

_____ _____ a box _____ the door.

(2) 昨日，そのテーブルの上にリンゴが1個ありました。

_____ _____ an apple _____ the table yesterday.

3 次の日本語に合うように，[　　]内の語句を並べかえて，正しい英語にしましょう。ただし，文頭にくる語も小文字で書いてあります。

(1) 私の学校の近くに図書館があります。

[a library / is / my / there / near] school.

_____ school.

(2) 木の下に3人の男の子がいました。

[were / boys / there / three / under] the tree.

_____ the tree.

4 次の英語を日本語にしましょう。

(1) There is a piano in my room.

[　　　　　　　　　　　　　　　　　　　　　　　　　]

(2) There were some birds around my house.

[　　　　　　　　　　　　　　　　　　　　　　　　　]

There is [are] 〜.

There is [are] ～.の否定文・疑問文

「…に～がありません」「…に～がありますか」

There is [are] ～.の否定文と疑問文の組み立て方を学習しよう！

 ここがカギ！ There is [are] ～.の文を「…に～がありません」という否定文にするときは，be動詞のあとに**not**を置きます。

There is not a dog by the door.

（ドアのそばに犬はいません。）

= There isn't a dog by the door.

is not の短縮形

be 動詞のあとに not を置くんじゃ！

anyを使った否定文 There is [are] ～.の否定文で**any**を使うと，「1つもありません」という意味を表します。
例 There are not any pencils on my desk. （私の机の上にえんぴつは1本もありません。）

 ここがカギ！ 「…に～がありますか」という疑問文にするときは，**be動詞**を**there**の前に置きます。答えるときも，**there**と**be動詞**を使って答えます。

ふつうの文 There is a dog by the door.

（ドアのそばに犬がいます。）

疑問文 Is there a dog by the door?

（ドアのそばに犬がいますか。）

答え方 Yes, there is. （はい，います。）
No, there is not. （いいえ，いません。）
→または No, there isn't.

疑問文は be 動詞
を there の前に！

anyを使った疑問文 There is [are] ～.の疑問文で**any**を使うと，「いくつかありますか」という意味を表します。
例 Are there any pencils on your desk? （あなたの机の上に何本かえんぴつがありますか。）

解答 p.14　答え合わせのあとは，音声に合わせて英語を音読してみよう。

233

1 _____ に適当な語を入れて，英語を完成させましょう。

(1)　Is there a dog by the desk?

　　—　_____ , there _____ .

(2)　Are there any pens on the desk?

　　—　_____ , there _____ .

2 次の日本語に合うように，_____ に適当な語を書きましょう。

(1)　テーブルの下にネコはいませんでした。

_____ _____ _____ a cat under the table.

(2)　木の上に鳥がいますか。

_____ _____ a bird on the tree?

3 次の日本語に合うように，[　　]内の語句を並べかえて，正しい英語にしましょう。ただし，文頭にくる語も小文字で書いてあります。

(1)　部屋には生徒が1人もいません。

[not / students / in / there / any / are] the room.

_____ the room.

(2)　川の中に何匹か魚がいましたか。

[there / fish / were / the river / any / in]?

_____ ?

4 (　　)内の語句を用いて，次の日本語を英語にしましょう。

(1)　私たちの市には博物館がありません。(city, a museum)

_____

(2)　ベッドの上にCDがありましたか。(a CD)

_____

確認テスト

解答 p.14

/100点

1 次の（　）内から適当な語を選んで，□□に書きましょう。（4点×4）

(1) There (is / are / were) a museum near my school.

▶ステージ 32

(2) There (is / are / was) some cups on the table.

▶ステージ 32

(3) Is (they / these / there) a zoo in your city?

▶ステージ 33

(4) There (don't / doesn't / aren't) many books in my room.

▶ステージ 33

2 次の日本語に合うように，___ に入る適当な語を□□に書きましょう。（5点×5）

(1) ドアのそばに3人の女の子がいます。
_____ are three girls _____ the door.

▶ステージ 32

(2) 3年前，ここにレストランがありました。
_____ _____ a restaurant here three years ago.

▶ステージ 32

(3) この近くに病院がありますか。
_____ _____ a hospital near here?

▶ステージ 33

(4) (⑶に答えて) はい，あります。
Yes, _____ _____ .

▶ステージ 33

(5) そのふくろの中にはリンゴは1個もありません。
_____ _____ any apples in the bag.

▶ステージ 33

3 次の日本語に合うように，[　]内の語句を並べかえて，正しい英語にしましょ
う。ただし，文頭にくる語も小文字で書いてあります。(6点×4)

(1) ベッドの下に箱が1つあります。

[is / under / a box / there] the bed.

_____ the bed. ▶ステージ 32

(2) この部屋には窓が2つあります。

[two / are / windows / in / there] this room.

_____ this room. ▶ステージ 32

(3) 机の上に何冊かの本がありますか。

[on / there / books / any / are] the desk?

_____ the desk? ▶ステージ 33

(4) 私の家の近くに大きな公園はありませんでした。

[not / there / near / was / a large park] my house.

_____ my house. ▶ステージ 33

4 次の英語を日本語にしましょう。(7点×5)

(1) There is a computer in the school library.

[   ] ▶ステージ 32

(2) Was there a cat on that car yesterday?

[   ] ▶ステージ 33

(3) Are there any hotels near here?

[   ] ▶ステージ 33

(4) There wasn't a store by the station.

[   ] ▶ステージ 33

(5) There are not any birds under the tree.

[   ] ▶ステージ 33

ステージ

32 ## There is a book in my bag.

> 後ろに続く名詞の数に合わせて、
> There is または There are を使う

（私のかばんの中に1冊の本があります。）

There are some books in my bag.

（私のかばんの中に数冊の本があります。）

There was a dog by the sofa.

> 過去の文なら、
> There was または There were

（ソファーのそばに1匹の犬がいました。）

There were many dogs by the sofa.

（ソファーのそばにたくさんの犬がいました。）

33 ## There is not a dog by the door.

> be 動詞のあとに not

（ドアのそばに犬はいません。）

Is there a dog by the door?

> there の前に be 動詞

（ドアのそばに犬がいますか。）

↳ ## Yes, there is. （はい、います。）

↳ ## No, there is not[isn't]. （いいえ、いません。）

魔法のキャンドルをGET！

次の比べる森へGO!

9章 比較の文

ぐっすり眠っていた3人が目を覚ますと、そこには不思議なふたごが立っていた。ここは比べる森。ふたごは、いっしょに「比較の文」を勉強しようという。エイミーとゴータは、比較級や最上級という形があることに加え、同じくらいであることの表し方も教わる。2人はすべて理解して、魔法のてんびんを手に入れることができるのか…？

比較級を使った文

「…よりも～」

比較(ひかく)級とthanはセットで覚えておこう！

ここが
カギ！

2つ［2人］を比較して「…よりも～」というときは，形容詞または副詞を比較級という形にします。比較級は，**最後にerがついた形**です。

tall （背が高い） → taller （より背が高い）

fast （速く） → faster （より速く）

erがついているね！

ここが
カギ！

比較級のあとに「**…よりも**」を表す**than**を置き，比べるものや人を続けます。

I am taller than Makoto. （私はマコトよりも背が高いです。）

I run faster than Makoto. （私はマコトよりも速く走ります。）

〈比較級＋than〉に，
比べるものや人を続けるんじゃ！

疑問詞Whichを使って，「AとBでは，どちらがより～ですか」とたずねることができます。比べるものはA or Bの形で，文の最後に置きます。

例 Which is larger, America or Canada? （アメリカとカナダでは，どちらがより大きいですか。）

まとめ

そのままerをつける以外の比較級の作り方

rだけつける	yをiにかえてerをつける	最後の文字を重ねてerをつける
large「大きい」	early「早い，早く」	hot「熱い，暑い」
↓	↓	↓
larger	earlier	hotter

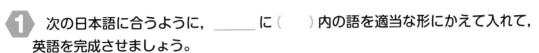

解いてみよう！　解答 p.15

答え合わせのあとは，音声に
合わせて英語を音読してみよう。

234

1 次の日本語に合うように，_____に（　）内の語を適当な形にかえて入れて，英語を完成させましょう。

Yuki　Aya

(1) ユキはアヤよりも背が高いです。

Yuki is _____ than Aya. （ tall ）

(2) アヤの犬はユキのよりも大きいです。

Aya's dog is _____ than Yuki's. （ big ）

2 次の日本語に合うように，_____に適当な語を書きましょう。

(1) 沖縄は北海道よりも暑いです。

Okinawa is _____ _____ Hokkaido.

(2) 私はミカよりも速く泳ぐことができます。

I can swim _____ _____ Mika.

3 次の日本語に合うように，[　]内の語句や符号を並べかえて，正しい英語にしましょう。ただし，文頭にくる語も小文字で書いてあります。

(1) このかばんはあのかばんよりもよいです。
[than / this bag / that one / is / nicer].

_____.

(2) このえんぴつとあのえんぴつでは，どちらがより長いですか。
[or / longer / which / that one / this pencil / is / ,]?

_____?

4 （　）内の語句を用いて，次の日本語を英語にしましょう。

(1) 私の学校はあなたのよりも新しいです。（ yours ）

_____

(2) 私は父よりも早く起きます。（ get up ）

_____

ステージ 35 最上級を使った文

「いちばん〜」

 最上級の文の作り方，inとofの使い分けを覚えよう！

 ここがカギ！ 「いちばん〜」というときは，形容詞または副詞を**最上級**という形にします。最上級は，**最後にest**がついた形です。

> tall （背が高い） → tallest （いちばん背が高い）
> fast （速く） → fastest （いちばん速く）

 estがついているよ！

 ここがカギ！ 最上級には**the**をつけて，〈**the＋最上級**〉の形で使います。そのあとに，「…(の中)で」を表す**in[of]**…を続けます。

> Akira is the tallest in his class.
>
> （アキラはクラスの中でいちばん背が高いです。）

 〈the＋最上級〉でセットじゃ！

 ここがカギ！ あとに続く語句によって，**inとofを使い分ける**必要があります。

in＋場所・範囲を表す語句	of＋複数の人・もの
in Japan （日本で）	of the three （3人[3つ]の中で）
in my family （私の家族の中で）	of all （すべての中で）

まとめ そのままestをつける以外の最上級の作り方

stだけつける	yをiにかえてestをつける	最後の文字を重ねてestをつける
nice「よい」 ↓ nicest	happy「幸せな」 ↓ happiest	big「大きい」 ↓ biggest

解いてみよう！ 解答 p.15

答え合わせのあとは，音声に
合わせて英語を音読してみよう。
235

1 次の日本語に合うように，_____ に（　）内の語を適当な形にかえて入れて，
英語を完成させましょう。

Jim 15歳　Bob 14歳　Meg 13歳

(1) ジムは3人の中でいちばん年上です。

　　Jim is the _____ of the three. (old)

(2) メグは3人の中でいちばん若いです。

　　Meg is the _____ of the three. (young)

2 次の日本語に合うように，_____ に適当な語を書きましょう。

(1) 富士山は日本でいちばん高い山です。

　　Mt. Fuji is _____ _____ mountain in Japan.

(2) メアリーは4人の中でいちばん大きいかばんを持っています。

　　Mary has the _____ bag _____ the four.

3 次の日本語に合うように，[　]内の語句を並べかえて，正しい英語にしましょ
う。ただし，文頭にくる語も小文字で書いてあります。

(1) この犬は4匹の中でいちばん大きいです。

　　[is / biggest / the four / this dog / the / of].

　　_____ .

(2) コウジは家族の中でいちばん遅く寝ます。

　　[the / Koji / to bed / latest / in / goes] his family.

　　_____ his family.

4 次の英語を日本語にしましょう。

(1) August is the hottest month in Japan.

　　[　　　　　　　　　　　　　　　　　　　　　　　　　　　]

(2) He swims the fastest of the classmates.

　　[　　　　　　　　　　　　　　　　　　　　　　　　　　　]

ステージ 36

more / most を使った文

「…よりも〜」「いちばん〜」

 つづりの長いものは，more や the most をつけた形にしよう！

ここがカギ！ つづりの長い形容詞や副詞の場合，末尾に er / est をつけるのではなく，前に more を置いて比較級に，the most を置いて最上級にします。

もとの形	popular「人気がある」
比較級	more popular「より人気がある」
最上級	the most popular「いちばん人気がある」

比較級なら more，最上級なら the most じゃ！

● **more，the most を使う語**

- *famous* 「有名な」
- *delicious* 「おいしい」
- *interesting* 「おもしろい」
- *exciting* 「わくわくさせる」
- *expensive* 「高価な」
- *difficult* 「難しい」 など

ここがカギ！ 文の作り方はステージ 34 や 35 で学んだ -er，-est のときと同じです。比較級では more 〜 than … 「…よりも〜」，最上級では the most 〜 in [of] … 「…の中でいちばん〜」となります。

ふつうの文	This book is popular . （この本は人気があります。）

↓

比較級の文	This book is more popular than that one.

（この本はあの本よりも人気があります。）

↓

最上級の文	This book is the most popular in my class.

（この本は私のクラスでいちばん人気があります。）

比較級	more 〜 than …
最上級	the most 〜 in [of] …

形容詞・副詞は，もとの形のままだよ！

1 次の日本語に合うように，＿＿＿＿ に適当な語を入れて，英語を完成させましょう。

(1) そのノートはそのえんぴつよりも高価です。

The notebook is ＿＿＿＿＿＿ ＿＿＿＿＿＿ than the pencil.

(2) そのペンは３つの中でいちばん高価です。

The pen is the ＿＿＿＿＿＿ ＿＿＿＿＿＿ of the three.

80円
150円
200円

2 次の日本語に合うように，＿＿＿＿ に適当な語を書きましょう。

(1) 私は，野球はサッカーよりもわくわくすると思います。

I think baseball is ＿＿＿＿＿＿ ＿＿＿＿＿＿ ＿＿＿＿＿＿ soccer.

(2) この歌は日本でいちばん有名な歌です。

This song is ＿＿＿＿＿＿ ＿＿＿＿＿＿ famous song ＿＿＿＿＿＿ Japan.

3 次の日本語に合うように，[　　]内の語を並べかえて，正しい英語にしましょう。ただし，文頭にくる語も小文字で書いてあります。

(1) 私は，オレンジはリンゴよりもおいしいと思います。

I think [oranges / apples / delicious / are / more / than].

I think ＿＿＿＿＿＿＿＿＿＿＿＿＿＿＿＿＿＿＿＿＿＿.

(2) 英語がすべての科目の中でいちばんおもしろいです。　　　　科目＝subject

[is / interesting / all / most / English / the / of] subjects.

＿＿＿＿＿＿＿＿＿＿＿＿＿＿＿＿＿＿＿＿＿＿ subjects.

4 次の英語を日本語にしましょう。

(1) This picture is more beautiful than that one.

[　　　　　　　　　　　　　　　　　　　　　　　　　　]

(2) This is the most difficult book of the four.

[　　　　　　　　　　　　　　　　　　　　　　　　　　]

「…よりもよい」「いちばんよい」

goodとwellの比較級・最上級の形を覚えよう！

ここがカギ！ 形容詞の**good**「よい」と副詞の**well**「上手に」は，比較級が**better**，最上級が**best**というように，特別な形に変化します。

ふつうの文	Miyu is a good singer. （ミユはよい歌い手です。）
比較級の文	Miyu is a better singer than Jun. （ミユはジュンよりもよい歌い手です。）
最上級の文	Miyu is the best singer in my class. （ミユは私のクラスでいちばんよい歌い手です。）

goodとwellは比較級がbetterで最上級がbestと覚えよう！

ここがカギ！ また，副詞のbetterとbestは，動詞のlikeとよくいっしょに使われます。

| 比較級 | I like tennis better than soccer. （私はサッカーよりもテニスが好きです。） |
| 最上級 | I like tennis the best. （私はテニスがいちばん好きです。） |

likeといっしょに使って，「…よりも好きだ」，「いちばん好きだ」を表す！

テニスが大好き！

解いてみよう！　解答 p.15

答え合わせのあとは，音声に
合わせて英語を音読してみよう。

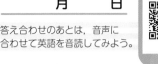

237

1 次の日本語に合うように，_____ に適当な語を入れて，英語を完成させましょう。

〈好きな季節〉
1位　夏
2位　春
3位　秋
4位　冬

(1) 秋は冬よりもよいです。

Fall is _____ _____ winter.

(2) 夏は四季の中でいちばんよいです。

Summer is _____ _____ of the four
seasons.

2 次の日本語に合うように，_____ に適当な語を書きましょう。

(1) ミホはタクよりもよい料理人です。　　　　　　　　料理人＝cook

Miho is a _____ cook _____ Taku.

(2) 彼女は私のクラスの中でいちばん上手に英語を話します。

She speaks English _____ _____ in my class.

3 次の日本語に合うように，[　　]内の語を並べかえて，正しい英語にしましょう。
ただし，文頭にくる語も小文字で書いてあります。

(1) 私はネコよりも犬が好きです。[like / than / cats / dogs / I / better].

_____.

(2) 彼は日本でいちばんよい野球選手です。

[is / in / player / best / he / the / baseball] Japan.

_____ Japan.

4 次の英語を日本語にしましょう。

(1) Haruka plays the piano better than Yukari.

[

]

(2) He likes this movie the best.

[

]

38

as 〜 as …を使った文

「…と同じくらい〜」

as 〜 as …の文の意味や用法を学習しよう！

ここが カギ！

2つのものや人を比べて「…と同じくらい〜」というときは、〈as ＋形容詞または副詞＋ as …〉で表します。間に入る形容詞や副詞は、比較級や最上級ではなく、原級(もとの形)にします。

形容詞の場合

My bike is `as new as` yours. (私の自転車はあなたのものと同じくらい新しいです。)

└ もとの形 ┘

副詞の場合

I sing `as well as` Mary. (私はメアリーと同じくらい上手に歌います。)

└ もとの形 ┘

> asとasの間の形容詞・副詞はもとの形じゃ！

ここが カギ！

as 〜 as …の文にnotをつけて否定文にすると、「…ほど〜ない」という意味になります。

ふつうの文 I am as tall as Miki.

↓

(私はミキと同じくらい背が高いです。)

否定文 I am `not` as tall as Miki.

(私はミキほど背が高くはありません。)

> 否定文にすると、「…ほど〜ない」という意味になるんだ！

---

not as 〜 as …の文は、比較級を使っていいかえることもできます。
例 Saki is not as young as Ken. (サキはケンほど若くありません。)
　 ＝ Ken is younger than Saki. (ケンはサキよりも若いです。)

解答 p.16

1 次の日本語に合うように，_____ に適当な語を入れて，英語を完成させましょう。

(1) 大阪は福岡と同じくらい暑いです。

It is _____ hot in Osaka _____ in Fukuoka.

(2) 北海道は東京ほど暑くありません。

It _____ _____ hot in Hokkaido

_____ in Tokyo.

2 次の日本語に合うように，[　]内の語を並べかえて，正しい英語にしましょう。
ただし，文頭にくる語も小文字で書いてあります。

(1) タロウはハナコと同じ年です。Taro [as / is / old / Hanako / as].

Taro _____ .

(2) 私はユカと同じくらい速く走ります。[fast / Yuka / as / as / I / run].

_____ .

3 2つの英語がほぼ同じ意味になるように，_____ に適当な語を書きましょう。

(1) {
Science is more interesting than math to Miho.
Math is _____ _____ interesting _____ science to Miho.
}

(2) {
Toru plays the guitar better than Jiro.
Jiro _____ play the guitar _____ _____ as Toru.
}

4 次の英語を日本語にしましょう。

(1) My cat is as cute as yours.

[　　　　　　　　　　　　　　　　　　　　　　　　　　　]

(2) I don't get up as early as my mother.

[　　　　　　　　　　　　　　　　　　　　　　　　　　　]

1 次の（ ）内から適当な語を選んで，□□に書きましょう。(4点×4)

(1) Ken is (old / older / oldest) than Meg.

▶ステージ **34**

(2) My brother is the (tall / taller / tallest) in my family.

▶ステージ **35**

(3) I like English (well / better / best) than math.

▶ステージ **37**

(4) Tomorrow it will be as (cold / colder / coldest) as today.

▶ステージ **38**

2 次の日本語に合うように，＿＿に入る適当な語を□□に書きましょう。(5点×5)

(1) このかばんが３つの中でいちばん大きいです。
This bag is ＿＿＿ ＿＿＿ of the three.

▶ステージ **35**

(2) 私のクラスではサッカーよりもテニスが人気です。
Tennis is ＿＿＿ ＿＿＿ than soccer in my class.

▶ステージ **36**

(3) この問題が５問中いちばん難しいです。

問題＝question

This question is the ＿＿＿ difficult ＿＿＿ the five.

▶ステージ **36**

(4) これがそのホテルでいちばんよい部屋です。
This is ＿＿＿ ＿＿＿ room in the hotel.

▶ステージ **37**

(5) タロウはミホほど速く泳ぐことはできません。
Taro cannot swim ＿＿＿ fast ＿＿＿ Miho.

▶ステージ **38**

3 次の日本語に合うように，[　　]内の語句を並べかえて，正しい英語にしましょう。ただし，文頭にくる語も小文字で書いてあります。(6点×4)

(1) トムの自転車は私のものより新しいです。

[bike / than / mine / newer / is / Tom's].

_____ .

(2) 彼女<ruby>彼女<rt>かのじょ</rt></ruby>はクラブの中でいちばん熱心に練習します。

[practices / the / she / the club / hardest / in].

_____ .

(3) この料理がすべての中でいちばんおいしいです。　　　　　料理＝dish

[the / this dish / all / delicious / of / is / most].

_____ .

(4) テニスは野球と同じくらいわくわくします。

[as / as / baseball / tennis / exciting / is].

_____ .

4 次の英語を日本語にしましょう。(7点×5)

(1) Which is smaller, your hand or mine?

[　　　　　　　　　　　　　　　　　　]

(2) My mother gets up the earliest in my family.

[　　　　　　　　　　　　　　　　　　]

(3) This book is more famous than that one.

[　　　　　　　　　　　　　　　　　　]

(4) Ken speaks English the best in his school.

[　　　　　　　　　　　　　　　　　　]

(5) It is not as hot in my city as in Miyazaki.

[　　　　　　　　　　　　　　　　　　]

比較の文

9章

ステージ

34 I am taller than Makoto. （私はマコトよりも背が高いです。）

> 形容詞や副詞の末尾に er

> than 「…よりも」

35 Akira is the tallest in his class.

> 〈the ＋最上級〉

> 形容詞や副詞の末尾に est

> ・〈in ＋場所や範囲〉
> ・〈of ＋複数の人・もの〉

（アキラはクラスの中でいちばん背が高いです。）

36 つづりの長い形容詞や副詞

比較級：more popular 「より人気がある」

> 〈more ＋形容詞や副詞〉

最上級：the most popular 「いちばん人気がある」

> 〈the most ＋形容詞や副詞〉

37 形容詞 good
副詞 well } 比較級：better 最上級：best

38 I sing as well as Mary. （私はメアリーと同じくらい上手に歌います。）

> 〈as ＋形容詞や副詞のもとの形＋ as〉

I am not as tall as Miki. （私はミキほど背が高くはありません。）

> 否定の文なら「…ほど〜ない」

魔法のてんびんをGET！

次の形の草原へGO！

116

10章 いろいろな形の文

　形の草原という場所に来た3人。すると急に草むらからヘビが現れ，2人に「いろいろな形の文」を教えてくれるという。動詞のあとに続く形がいくつかあることに注意する必要があるようだ。エイミーとゴータは，それらをうまく使い分けてマスターし，魔法の石を手に入れることができるのか…？

〈look / feel / become＋形容詞〉の文

「〜に見えます」「〜と感じます」「〜になります」

人やものの様子，状態を説明する表現を学習しよう！

ここがカギ！ 人やものが「〜に見えます」というときは，〈look＋形容詞〉で表します。

You look happy. （あなたは幸せそうに見えます。）

主語　動詞　形容詞

〈look＋形容詞〉で「〜に見える」なんだ！

ここがカギ！ lookと同じように**形容詞を続ける**ことができる動詞に，feel「〜と感じます」やbecome「〜になります」などがあります。

She feels tired. （彼女は疲れたと感じています。）
She became famous. （彼女は有名になりました。）

〈feel＋形容詞〉で「〜と感じる」，
〈become＋形容詞〉で「〜になる」！

まとめ

様子・状態を表す形容詞

人が主語のとき		ものが主語のとき	
• angry	「怒った」	• new	「新しい」
• surprised	「驚いた」	• delicious	「おいしい」
• busy	「忙しい」	• difficult	「難しい」
• excited	「わくわくする」	• exciting	「わくわくさせる」

解いてみよう！

1　次の日本語に合うように，_____ に適当な語を入れて，英語を完成させましょう。

(1)　アレックスは怒っているように見えます。

Alex _____ _____ .

(2)　アヤカは驚いたように見えます。

Ayaka _____ _____ .

2　次の日本語に合うように，_____ に適当な語を書きましょう。

(1)　あなたの昼食はおいしそうに見えます。

Your lunch _____ _____ .

(2)　彼らは忙しくなりました。

They _____ _____ .

3　次の日本語に合うように，[　　]内の語句を並べかえて，正しい英語にしましょう。ただし，不要な語が1語あります。また，文頭にくる語も小文字で書いてあります。

(1)　その映画はわくわくさせるように見えます。
[looks / the movie / exciting / excited].

_____ .

(2)　私たちは調子がよいと感じます。[become / good / we / feel].

_____ .

4　次の英語を日本語にしましょう。

(1)　Your bike looks new.

[　　　　　　　　　　　　　　　　　　　　　　　　]

(2)　The book became very famous.

[　　　　　　　　　　　　　　　　　　　　　　　　]

〈showなど＋人＋もの〉の文

「（人）に（もの）を〜します」

「（人）に（もの）を〜する」というときの語順に注意しよう！

ここがカギ！ 「（人）に（もの）を見せます」というときは，〈show＋人＋もの〉で表します。
show以外にも，〈人＋もの〉が続く動詞を覚えておきましょう。

I | showed | John | a picture | .　（私はジョンに1枚の写真
　　　_{動詞}　　　_人　　　　_{もの}　　　　　　を見せました。）

● 〈人＋もの〉が続く動詞

give		（人）に（もの）をあげる
buy		（人）に（もの）を買う
teach	＋人＋もの	（人）に（もの）を教える
tell		（人）に（もの）を話す，教える
make		（人）に（もの）を作る

〈動詞（show など）
＋人＋もの〉の語順
じゃ！

ここがカギ！ 「（人）に」の部分に「私」や「彼」などの**代名詞**を使う場合には，「〜に」「〜を」
を表す形（**目的格**）を使います。

I will give | John | this present.

（私はジョンにこのプレゼントをあげるつもりです。）

I will give | him | this present.

（私は彼にこのプレゼントをあげるつもりです。）

「私に」= me,「彼に」=him,
「彼女に」=her,「私たちに」=us,
「彼らに，彼女たちに」=them!

wow!
アリガトウ

解答 p.17　答え合わせのあとは，音声に合わせて英語を音読してみよう。

10章　いろいろな形の文

1 次の日本語に合うように，_____ に適当な語を入れて，英語を完成させましょう。

(1) 私はミクにかばんを見せるつもりです。

I'll _____ Miku a _____.

(2) 私はジムに，帽子を見せるつもりです。

I'll _____ Jim a _____.

2 次の日本語に合うように，_____ に適当な語を書きましょう。

(1) ユカのお母さんは私たちに昼食を作ってくれました。

Yuka's mother made _____ _____.

(2) あなたは彼女にその知らせを話しましたか。　　知らせ＝news

Did you _____ _____ the news?

3 次の日本語に合うように，[　　]内の語句を並べかえて，正しい英語にしましょう。ただし，文頭にくる語も小文字で書いてあります。

(1) 父は私にギターを買ってくれました。[a guitar / bought / my father / me].

_____.

(2) 彼は彼女にEメールを送るでしょう。[will / an e-mail / her / send / he].

_____.

4 (　　)内の語句を用いて，次の日本語を英語にしましょう。

(1) 私は彼らにこれらのペンをあげるつもりです。(these pens)

_____

(2) どうか私たちに英語を教えてください。(please)

_____

〈call / name＋人［もの］＋名前〉の文

「…を～と呼びます」「…を～と名づけます」

「…を～と呼びます［名づけます］」の語順に注意しよう！

 ここが **カギ！**

「…を～と呼びます」は，〈call＋人［もの］＋呼び方〉の語順で表します。また，「…を～と名づけます」は〈name＋人［もの］＋名前〉で表します。

I call him Daichi. （私は彼をダイチと呼びます。）

人　呼び方

〈call＋人［もの］＋呼び方〉で，「（人・もの）を～と呼ぶ」じゃ！

I named my dog Taro. （私は私の犬をタロウと名づけました。）

もの（動物）　名前

name のすぐ後ろに「人［もの］を」を置く！

 ここが **カギ！**

疑問詞 What「何」を使って，**呼び名や名前**をたずねることができます。その場合，一般動詞の疑問文で学習したように do［does］または did を使います。

What do you call your brother?

（あなたはお兄さんを何と呼びますか。）

What did you name your dog?

（あなたは自分の犬を何と名づけましたか。）

What のあとに do / does / did を続けよう！

解いて みよう！ 　解答 p.17

答え合わせのあとは，音声に
合わせて英語を音読してみよう。

241

1 次の日本語に合うように，_____ に適当な語を入れて，英語を完成させましょう。

ユカ　タク

(1) 私はユカリをユカと呼びます。

　　I _____ Yukari _____.

(2) 私はタクヤをタクと呼びます。

　　I _____ Takuya _____.

2 次の日本語に合うように，_____ に適当な語を書きましょう。

(1) ぼくをリクと呼んでください。

　　Please _____ _____ Riku.

(2) 彼女（かのじょ）は自分の娘（むすめ）をミク (Miku) と名づけました。　　　　娘＝daughter

　　She _____ her daughter _____.

3 次の日本語に合うように，[　]内の語を並べかえて，正しい英文にしましょう。
ただし，文頭にくる語も小文字で書いてあります。

(1) 彼の友達は彼をボブと呼びます。[friends / call / Bob / him / his].

　　_____.

(2) 彼らはそれを何と名づけましたか。[they / name / did / what / it]?

　　_____?

4 (　)内の語句を用いて，次の日本語を英語にしましょう。

(1) ユキは自分のネコを何と呼びますか。(Yuki)

　　_____

(2) 私の母はそのネコをクロ (Kuro) と名づけました。(the cat)

　　_____

いろいろな形の文

10章

1 ( )内から適当な語を選んで，[　　]に書きましょう。(4点×4)

(1) This cake (looks / feels / sees) delicious.

▶ステージ **39**

(2) My mother will buy (I / my / me) a new bike.

▶ステージ **40**

(3) She (teaches / gives / sends) Ken Japanese.

▶ステージ **40**

(4) We call (he / his / him) Mike.

▶ステージ **41**

2 次の日本語に合うように，＿＿に入る適当な語を[　　]に書きましょう。(5点×5)

(1) あなたは疲れているように見えます。
You ＿＿＿＿＿ ＿＿＿＿＿.

▶ステージ **39**

(2) 彼女は幸せになりました。
She ＿＿＿＿＿ ＿＿＿＿＿.

▶ステージ **39**

(3) 父は私たちに数冊のアルバムを見せました。
アルバム＝album
My father ＿＿＿＿＿ ＿＿＿＿＿ some albums.

▶ステージ **40**

(4) 私は彼らに手紙を送るつもりです。
I'll ＿＿＿＿＿ ＿＿＿＿＿ letters.

▶ステージ **40**

(5) あなたは彼女をメグと呼びますか。
Do you ＿＿＿＿＿ ＿＿＿＿＿ Meg?

▶ステージ **41**

3 次の日本語に合うように，[　　]内の語句を並べかえて，正しい英語にしましょう。ただし，文頭にくる語も小文字で書いてあります。(6点×4)

(1) あなたはそのとき，悲しいと感じましたか。
[feel / did / sad / you] then?

_____ then?　ステージ **39**

(2) 私たちにおもしろい話をしてください。
[an interesting story / tell / please / us].

_____ .　ステージ **40**

(3) あなたをユカと呼んでもよいですか。
[I / you / can / Yuka / call]?

_____ ?　ステージ **41**

(4) 私はその犬をジャックと名づけました。
[named / Jack / the dog / I].

_____ .　ステージ **41**

4 次の英語を日本語にしましょう。(7点×5)

(1) This book looks very difficult.
[
]　ステージ **39**

(2) Did they become famous?
[
]　ステージ **39**

(3) My sister made me this bag.
[
]　ステージ **40**

(4) Mr. Hayashi gives us homework every Wednesday.
[
]　ステージ **40**

(5) What did you name your son?　son＝息子
[
]　ステージ **41**

125

ステージ

㊴ You look happy. （あなたは幸せそうに見えます。）

> look ＋形容詞 → 「〜に見える」

She feels tired. （彼女は疲れたと感じています。）

> feel ＋形容詞 → 「〜と感じる」

She became famous. （彼女は有名になりました。）

> become ＋形容詞 → 「〜になる」

㊵ I showed John a picture.

> 〈show ＋人＋もの〉

（私はジョンに1枚の写真を見せました。）

I will give him this present.

> 〈give ＋人＋もの〉

（私は彼にこのプレゼントをあげるつもりです。）

㊶ I call him Daichi. （私は彼をダイチと呼びます。）

> 〈call ＋人 [もの] ＋呼び方〉

I named my dog Taro. （私は私の犬をタロウと名づけました。）

> 〈name ＋人 [もの] ＋呼び方〉

魔法の石をGET！

次のラレル 砂漠へGO!

· · · · · →

126

11章 受け身の文

ヘビにもらった魔法（まほう）の石が急に光り出し，3人はラレル砂漠（さばく）に飛ばされてしまう。そこで出会ったサソリに「受け身の文」を教わることに。エイミーとゴータは，動詞が変化した過去分詞という形があることを知る。受け身の文は〈be動詞＋過去分詞〉で表すようだ。2人はしっかりと理解し，魔法のペンダントをもらうことができるのか…？

受け身の文

「〜されます」

「〜されます」を表す〈be動詞＋過去分詞〉を覚えよう！

ここが カギ！ 「〜されます」という文を**受け身の文**といい，〈be動詞＋過去分詞〉で表します。過去分詞は，動詞が変化した形の１つです。「…によって」と動作主を表すときは，最後に〈by＋動作する人〉を置きます。

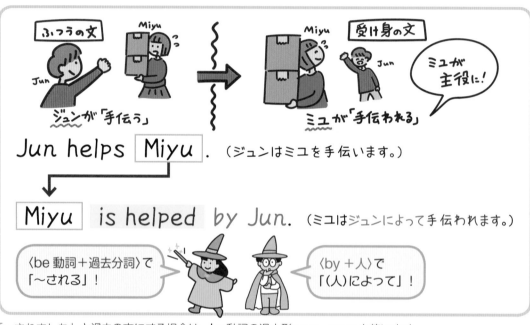

ふつうの文 Miyu

ジュンが「手伝う」

受け身の文 Miyu Jun ミュが主役に！

ミュが「手伝われる」

Jun helps Miyu . （ジュンはミユを手伝います。）

Miyu is helped by Jun. （ミユはジュンによって手伝われます。）

〈be動詞＋過去分詞〉で「〜される」！

〈by＋人〉で「(人)によって」！

「〜されました」と過去の文にする場合は，be動詞の過去形was，wereを使います。
例 Miyu was helped by Jun.（ミユはジュンによって手伝われました。）

ここが カギ！ 過去分詞の変化のしかたは，動詞によって異なります。

過去形と過去分詞が同じ形

use「〜を使う」— used — used
build「〜を建てる」— built — built

すべて同じ形

put「〜を置く」— put — put
read「〜を読む」— read — read
[リード]　　　　[レッド]　　　[レッド]

それぞれ違う形

see「〜を見る」— saw — seen
write「〜を書く」— wrote — written
take「(写真を)撮る」— took — taken
speak「〜を話す」— spoke — spoken

※原形−過去形−過去分詞を表しています。

解答 p.18　答え合わせのあとは，音声に合わせて英語を音読してみよう。

❶ 次の日本語に合うように，_____ に適当な語を入れて，英語を完成させましょう。

(1) この自転車はケンによって使われます。

　This bike is _____ by Ken.

(2) あの車はホワイトさんによって洗われます。

　That car is _____ by Mr. White.

❷ 次の日本語に合うように，_____ に適当な語を書きましょう。

(1) この部屋は毎日掃除されています。

　This room _____ _____ every day.

(2) 私の学校は10年前に建てられました。

　My school _____ _____ ten years ago.

❸ 次の日本語に合うように，[　　]内の語句を並べかえて，正しい英語にしましょう。ただし，文頭にくる語も小文字で書いてあります。

(1) これらの動物は北海道で見られます。

　[in / animals / seen / these / are] Hokkaido.

　_____ Hokkaido.

(2) この本は私の父によって書かれました。

　[was / my father / written / by / this book].

　_____.

❹ 次の英語を日本語にしましょう。

(1) Japanese is spoken in Japan.

　[　　　　　　　　　　　　　　　　　　　　　　　]

(2) These pictures were taken by Aya yesterday.

　[　　　　　　　　　　　　　　　　　　　　　　　]

11章 受け身の文

ステージ 43

受け身の否定文

「〜されません」

受け身の否定文「〜されません」という表現を使ってみよう！

ここがカギ！ 「〜され（てい）ません」という受け身の否定文を作るときは，be動詞のあとにnotを置きます。

ふつうの文 This book is written in English.

（この本は英語で書かれています。）

否定文 This book **is not** written in English.

（この本は英語で書かれていません。）

= This book isn't written in English.

> is notの短縮形

> be動詞のあとにnotを置くんじゃ！

ここがカギ！ 過去の文でも同じように，be動詞was[were]のあとにnotを置いて否定文を作ります。

This book wasn't read by them.

> was notの短縮形

（この本は彼ら[彼女たち]によって読まれませんでした。）

These books weren't read by them.

> were notの短縮形

（これらの本は彼ら[彼女たち]によって読まれませんでした。）

> 過去の文なら，was not または were not だね！

130

月　　　日

1 次の日本語に合うように，＿＿＿＿ に適当な語を入れて，英語を完成させましょう。

(1) その店は9時には開かれません。

The shop is ＿＿＿＿＿ ＿＿＿＿＿ at nine.

(2) これらのかばんは日本で作られていません。

These bags ＿＿＿＿＿ made in Japan.

2 次の日本語に合うように，＿＿＿＿ に適当な語を書きましょう。

(1) 私のペンは昨日，見つかりませんでした。

My pen ＿＿＿＿＿ ＿＿＿＿＿ ＿＿＿＿＿ yesterday.

(2) この本は彼によって書かれませんでした。

This book ＿＿＿＿＿ ＿＿＿＿＿ by him.

3 次の日本語に合うように，[　　]内の語句を並べかえて，正しい英語にしましょう。ただし，文頭にくる語も小文字で書いてあります。

(1) その国では英語は話されていません。
[not / English / spoken / in / is] the country.

＿＿＿＿＿＿＿＿＿＿＿＿＿＿＿＿＿＿＿＿＿＿＿＿ the country.

(2) それらのプレゼントは私に送られませんでした。
[sent / were / those presents / not] to me.

＿＿＿＿＿＿＿＿＿＿＿＿＿＿＿＿＿＿＿＿＿＿＿＿ to me.

4 次の英語を日本語にしましょう。

(1) This computer is not used.

[

]

(2) The song wasn't sung by the students.

[

]

受け身の文　11章

受け身の疑問文

「〜されますか」

受け身の疑問文の作り方を覚えよう！

 「〜され（てい）ますか」という受け身の疑問文を作るときは，**be動詞を主語の前に置きます**。答えるときは，**be動詞を使って答えます**。

| ふつうの文 | This car is used by your father. |

（この車はあなたのお父さんによって使われます。）

| 疑問文 | Is this car used by your father? |

（この車はあなたのお父さんによって使われますか。）

 be動詞は主語の前に置くよ！

答え方	Yes, it is. （はい，使われます。）
	No, it is not. （いいえ，使われません。）
	→または No, it isn't.

過去の文なら，be動詞の過去形was, were で文をはじめます。
例 Was this car made in Japan? （この車は日本で作られましたか。）

 When「いつ」などの**疑問詞を疑問文のはじめに置いて**，具体的な質問をすることもできます。答えるときも**受け身の形**を使います。

| Whenの疑問文 | When was your school built? |

（あなたの学校はいつ建てられましたか。）

| 疑問文 | It was built in 1980. （それは1980年に建てられました。） |

When などの疑問詞は，
疑問文のはじめに置こう！

月　　　日

解答 p.19　答え合わせのあとは，音声に合わせて英語を音読してみよう。

1 次の日本語に合うように，＿＿＿＿に適当な語を入れて，英語を完成させましょう。

(1) この写真は箱の中に入れられましたか。

〜を…に入れる＝put〜in…

＿＿＿＿＿＿ this picture ＿＿＿＿＿＿ in the box?

(2) はい，入れられました。

Yes, it ＿＿＿＿＿＿ .

2 次の英語を疑問文に書きかえるとき，＿＿＿＿に適当な語を書きましょう。

(1) English is studied at school in Japan.

＿＿＿＿＿＿ English ＿＿＿＿＿＿ at school in Japan?

(2) These uniforms were washed.　　　　　　　uniform＝制服

＿＿＿＿＿＿ these uniforms ＿＿＿＿＿＿ ?

3 次の日本語に合うように，[　]内の語を並べかえて，正しい英語にしましょう。ただし，文頭にくる語も小文字で書いてあります。

(1) ここでたくさんの映画が見られていますか。

[watched / movies / are / many] here?

＿＿＿＿＿＿＿＿＿＿＿＿＿＿＿＿＿＿＿＿ here?

(2) この本はいつ書かれましたか。[was / this / written / when / book]?

＿＿＿＿＿＿＿＿＿＿＿＿＿＿＿＿＿＿＿＿ ?

4 次の英語を日本語にしましょう。

(1) Is she loved by everyone?

[　　　　　　　　　　　　　　　　　]

(2) Was this room cleaned yesterday?

[　　　　　　　　　　　　　　　　　]

受け身の文

1 次の（　）内の動詞を適当な形にかえて，☐に書きましょう。（4点×4）

(1) This park is (visit) by many people.

> ステージ 42

(2) These books are (write) in English.

> ステージ 42

(3) Was your school (build) 100 years ago?

> ステージ 44

(4) These fish aren't (see) in this river.

> ステージ 43

2 次の日本語に合うように，＿＿に入る適当な語を☐に書きましょう。（5点×5）

(1) 図書館は9時に開かれます。
The library ＿＿＿＿ ＿＿＿＿ at nine.

> ステージ 42

(2) このケーキは昨日作られました。
This cake ＿＿＿＿ ＿＿＿＿ yesterday.

> ステージ 42

(3) あなたはナンシーに手伝ってもらいましたか。
＿＿＿＿ you helped ＿＿＿＿ Nancy?

> ステージ 44

(4) (⑶に答えて) はい，手伝ってもらいました。
Yes, ＿＿＿＿ ＿＿＿＿.

> ステージ 44

(5) この野菜は料理されていません。
This vegetable is ＿＿＿＿ ＿＿＿＿.

> ステージ 43

3 次の日本語に合うように，[　]内の語句を並べかえて，正しい英語にしましょ
う。ただし，文頭にくる語も小文字で書いてあります。(6点×4)

(1) キツネは北海道で見られます。　　　　　　　　　　　　　　　　　キツネ＝fox

[seen / foxes / in / are] Hokkaido.

_____ Hokkaido. ≫ステージ **42**

(2) 中国語は日本で勉強されていますか。

[Chinese / in / studied / is] Japan?

_____ Japan? ≫ステージ **44**

(3) その音楽はいつ演奏されましたか。

[was / played / when / the music]?

_____ ? ≫ステージ **44**

(4) その箱はケンによって開けられませんでした。

[Ken / not / the box / by / opened / was].

_____ . ≫ステージ **43**

4 次の英語を日本語にしましょう。(7点×5)

(1) English is spoken in many countries.

[　　　　　　　　　　　　　　　　　　　] ≫ステージ **42**

(2) This book is read by young people.　　　　　　　　young＝若い

[　　　　　　　　　　　　　　　　　　　] ≫ステージ **42**

(3) Was this bike made in Japan?

[　　　　　　　　　　　　　　　　　　　] ≫ステージ **44**

(4) Where was this picture taken?

[　　　　　　　　　　　　　　　　　　　] ≫ステージ **44**

(5) New songs were not sung by the singer.

[　　　　　　　　　　　　　　　　　　　] ≫ステージ **43**

11章 受け身の文

135

ステージ

42 Miyu is helped by Jun.

〈be動詞＋過去分詞〉　〈by＋動作する人〉

（ミユはジュンによって手伝われます。）

43 This book is not written in English.

be動詞のあとに not

（この本は英語で書かれていません。）

44 Is this car used by your father?

主語の前に be動詞　　（この車はあなたのお父さんによって使われますか。）

→ Yes, it is.　（はい，使われます。）
→ No, it is not [isn't].　（いいえ，使われません。）

さて，今回の修行は
このへんでいいじゃろう。
さらばじゃ！

英語ができるように
なったから，英語の
授業がとても楽しみ
だよ！

私も！
師匠，ありがとう！

これで中2英語はカンペキ！

②

□ 編集協力　㈱メディアビーコン　阿久津菜花　伊藤祐美

□ 本文デザイン　studio1043　CONNECT

□ DTP　朝日メディアインターナショナル株式会社

□ イラスト　オフィスシバチャン　はなのしん　ワタナベカズコ

□ 音声収録　一般財団法人英語教育協議会

シグマベスト

ぐーんっとやさしく
中2英語

編　者　文英堂編集部

発行者　益井英郎

印刷所　株式会社加藤文明社

発行所　株式会社文英堂

　　〒601-8121　京都市南区上鳥羽大物町28
　　〒162-0832　東京都新宿区岩戸町17
　　(代表)03-3269-4231